Manfried Fischer
Nachlese

Manfried Fischer

Nachlese

Rediroma-Verlag

Bibliografische Information der Deutschen Nationalbibliothek:
Die Deutsche Nationalbibliothek verzeichnet diese Publikation in der Deutschen Nationalbibliografie; detaillierte bibliografische Daten sind im Internet über http://dnb.ddb.de abrufbar.

ISBN 978-3-96103-189-4

Umschlagillustration: läns / photocase.de

www.rediroma-verlag.de
6,95 Euro (D)

Gewidmet meinen Enkeln
Lara, Jakob, Valerie, Alica
Felix und Jonas
mit einem herzlichen
Glückauf!

Vorwort

Erneut ein herzliches „Grüß Gott“, liebe Freunde, liebe Leserin, lieber Leser, aus einem der schönsten Orte Bayerns, Bernried am Starnberger See!

Schon wieder breche ich meine *„Ankündigung des letzten Buches“* ziemlich schamlos in der Hoffnung, daß Du mir und meinen literarischen Ambitionen ein weiteres Mal folgst. Das Büchlein, das Du in der Hand hältst, ist nun schon mein siebtes und ich wundere mich selbst, daß es so weit gekommen ist, denn da ich ja praktisch nur autobiographische Geschichten schreibe, sollte man meinen, daß die Zitrone einmal ausgepreßt ist, die nennenswerten Vorkommnisse eines Lebens irgendwann zu Ende erzählt sind, und das um so mehr, als ich nicht behaupten kann, ein bedeutendes Leben geführt zu haben. Wenn ich das bisher zu Papier Gebrachte wie auch das Dir jetzt Vorliegende überdenke, stelle ich fest, daß neben allerlei Vergnüglichem, Unterhaltsamen vor allem doch immer wieder, besser gesagt:: immer stärker mein Wunsch zum Ausdruck kommt, eine Erfahrung, eine Erkenntnis weiter zu geben. Typ „Weltverbesserer also. Eigentlich ein eher unsympathischer, besser-wisserischer Typ, ich gebe es zu. Trotzdem bekenne ich mich offen dazu, daß ich in erster Linie in dieser Intention erneut zur Feder gegriffen habe, ja daß mein Leidensdruck, so gut wie nichts zum Besseren beitragen zu können, im letzten Jahr immer dringlicher geworden ist und sich schließlich wieder einmal im Wege des „mir von der Seele Schreibens“ Bahn gebrochen hat.

Ich wäre aber unehrlich, wenn ich nicht zugeben würde, daß da auch noch eine ganze Reihe anderer Motive zum Tragen kommt, von denen ich wenigstens drei anklingen lassen möchte.

Da ist zu allererst die Tatsache zu nennen, daß mein Denkapparat offenbar ohne Abstellknopf – heute ist in jeder ordentlichen Gebrauchsanweisung ja ein Hinweis auf den „Mute-Knopf“ zu finden

– geliefert worden ist. Mit der Folge, daß mein Gehirn bei Tag wie Nacht daueraktiv ist. Das kann ich gelegentlich auch beweisen, denn nach einer Entspannung und Erholung verheißenden Nachtruhe wache ich oft mit lebhaften, schönen und erfreulichen Erinnerungen an ein wundervolles Traumland auf, von dem sich zu trennen einen fast schmerzhaften Prozeß darstellt; oft sind es aber auch völlig hanebüchenen, unsinnigen Traumbruchstücke, denen aber nicht minder schwer zu entkommen ist..

Wie Jedermann weiß, ist ein solches nicht abstellbares Gehirn im breiten Spektrum der Ausstattungsdetails der Gattung Homo sapiens der durchaus gängige Typ innerhalb der Normbreite. Erwähnenswert ist dies eigentlich nur als Symptom einer Grenzsituation, die ich die „senile Denkphobie“ des alternden Menschen nennen möchte, der sich ganz gern der Einstellung „auf Durchzug“ bedient. In dieser Situation befinde ich mich auch gerade, sie war ja der Ausgangspunkt meiner Entscheidung, die recht anstrengende Dauerbeschäftigung mit meinen bisherigen Hobbys einzustellen. Doch muß ich als Proband wie auch gleichzeitig als Leiter meines Experimentierfelds als Zwischenergebnis festhalten: die erzwungene Ruhestellung des menschlichen Denkapparats macht unglücklich, ja ist als Vorstufe des Wahnsinns zu betrachten.

Ein weiterer und in diesem Falle glücklicher Umstand, der zur Geburt meines Büchlein geführt hat, stellt wohl auch die Mitarbeit meines „Bibliotheksengels“ dar - meine Leser kennen ihn schon, der als unbezahlter Produktionsleiter oder gar als Regisseur im Hintergrund die Fäden zieht – der offenbar auch keinen Abstellknopf aufweist. Ich habe den Verdacht, daß dieser von der hohen Theaterleitung ein lebenslanges festes Engagement in Bezug auf seine Klienten hat und möglicherweise als „psychopompos“, wie ihn die alten Griechen nannten, also als Seelenführer, im Zeitpunkt der Auflösung aller meiner diversen Lebensrätsel dann einmal seine Visitenkarte hinterläßt. Es ist durchaus ernst gemeint, wenn ich ihm heute schon in aller Hochachtung ein allerbestes Zeugnis ausstelle.

Mit zunehmender Dauer meines Lebens stellt sich ein Gefühl ein, im Verlauf zu verschiedenen Malen an etwas Wichtigem vorbei gegangen zu sein, mein Bedürfnis nach (Auf-)Klärung zu schnell mit der Ausflucht abgespeist zu haben: „reg dich nicht auf, es wird schon so seine Ordnung haben!". Diese Vernachlässigung, mir selbst eine vernünftige Meinung zu verschaffen und statt dessen im allgemeinen Mainstream mit zu schwimmen, entwickelt sich zusehends zum Schuldgefühl. Um so mehr begrüße ich die mir selbst geschaffene Gelegenheit, noch ein paar solcher kontroversen Themen eine aus meiner jetzigen Sicht späte Rechtfertigung zu verschaffen und so noch die eine oder andere Kursberichtigung vornehmen zu können,

Dahinter drängeln noch weitere Motive in den Vordergrund, so natürlich der Wunsch eines älteren Herrn, noch etwas zu sagen zu haben und sich so noch ein wenig Anerkennung zu verschaffen, doch das kann sich jeder Kenner der menschlichen Bedürfnisskala ohnehin selbst ergänzen.

Letztlich ist es auch gleichgültig, welche Motivatoren ausschlaggebend sind, wichtig für den Schreiber wie auch den potentiellen Leser ist doch, daß von dem Ergebnis bereichernde Denkanstöße ausgehen, die zu einem fruchtbaren Fortschreiten im Erkenntnisprozeß über den Sinn unseres Daseins führen. Genau das wünsche ich Dir, lieber Leser!

Und „Freude sei auch mit dabei", wie es im schönen Kanon zum Geburtstag heißt.

Kapitel 1
War´s das?

Mit der folgenden Schilderung meiner Befindlichkeit möchte ich Dich, lieber Leser, dazu einladen, Dich ein wenig in die Situation eines gerade Achtzigjährigen zu versetzen, der sich die Frage stellt: was habe ich in meinem Leben eigentlich noch zu erwarten? Oder vielleicht etwas neutraler: was hat das Leben noch mit mir vor? Nun ist das eine Thematik, der man mit Fug und Recht das Attribut „äußerst schwierig“ zubilligen wird. Mancher Leser wird an dieser Stelle instinktiv spüren, daß es dabei „ums Eingemachte“ geht, und ich habe großes Verständnis, wenn er das tut, was er in solchen Herausforderungen immer getan hat: verdrängen. Sicher ist das stark vom Alter abhängig, auch ich habe bisher oft die Realität auf später verschoben statt ihr offen ins Auge zu sehen. Doch alles hat seine Zeit. Für mich ist es jedenfalls nach meiner Ansicht an der Zeit, Tacheles zu reden und dazu gehört eben auch der eine oder andere Tabu-Bruch. Erschwerend kommt hinzu, daß neben der individuellen Situation, also mein Alter, noch – und ich meine mit nie dagewesener Deutlichkeit – die generelle Situation der Gattung Homo Sapiens in die Betrachtung einfließen muß, denn es wäre grob fahrlässig, das Umfeld, in dem ich lebe, nicht mit in den Blick zu nehmen.

Zugegeben, es wird mir selbst etwas schwindlig, wenn ich mir vorstelle, wie das Geschaukele eines individuellen Schicksals auf den Wellen seines Lebensozeans mit den drohenden Gefahren für das „Raumschiff Erde“ zusammengehen soll. Als alter Seebär, der mehr als sechzig Jahre lang der früh gelernten Devise „navigare necesse est“ gefolgt ist, kann ich zwar meine Erfahrung, was in stürmischem Wetter zu tun ist, in die Waagschale werfen, was aber die Fragen des Überlebens unseres Planeten angeht, weiß ich fast nur aus Angelesenem, und das ist erstens wenig, zweitens hochgradig kontrovers. Es ist auch nicht meine Absicht, den Chor derjenigen Propheten, die bereits den Weltuntergang in dramatischen Farben ausmalen, zu verstärken. Dennoch kann ich nicht leugnen, daß meine Sorgen um unsere Umwelt heute deutlich größer sind als das, was mancher früher mit dem frivolen Spruch „apres nous le deluge“ recht unbekümmert vom Tisch gewischt hat. „Jetzt haben wir den Salat“, so wäre darauf vielleicht auf gleichem Niveau zu reagieren, wenn der Ernst der Lage nicht längst dramatische Formen angenommen hätte.

Ich denke, daß das in unseren Breiten inzwischen auch die meisten Menschen begriffen haben, aber zwischen Begreifen und Handeln besteht leider noch ein weiter Unterschied. Wenn man dann sieht, wie der Präsident des reichsten Landes der Welt und mit ihm zusammen die Mehrheit seines Volkes den Klimawandel schlichtweg nicht zur Kenntnis nimmt, vermindert sich die Hoffnung auf eine Rettung im letzten Augenblick gravierend und die Prophezeiung von Harald Lesch „Die Menschheit schafft sich ab“ - und er ist ja leider nicht der Einzige der anerkannten Fachleute auf diesem Gebiet, der zu diesem Ergebnis kommt – wird um so wahrscheinlicher.

Dabei habe ich noch gar nicht die anderen Kollisionsfelder , auf denen schlimmstes Unheil droht, angesprochen. Das Füllhorn der Pandora ist leider groß und der Leidensweg des das rettende Ufer erstrebenden Odysseus noch lang.

Nun gebietet es die Fairness, als Gegenentwurf auch das herkömmliche Evolutionsmodell in den Ring zu schicken. Demnach hat die Evolution nach Berechnungen der Wissenschaftler noch gut und gern 40 bis 50 Milliarden Jahre Zeit an ihr Ziel zu kommen; welches das ist, wissen sie allerdings auch nicht. Wenn man aber von ihrer bisherigen Entwicklung vom ersten Auftreten unserer Rasse bis heute Rückschlüsse zieht, ist da noch viel Luft nach oben drin bis zu einem zwar unvorstellbaren, aber zweifellos höchst fulminanten Ende. Aber Achtung: die Evolution meint immer den ganzen Kosmos, also nicht nur unseren Planeten. Falls dieser durch menschliche Dummheit eines Tages explodiert und unbewohnbar wird, kümmert das die Evolution herzlich wenig!

Ein ganzes Stück leichter ist es dagegen, den Ausgang des Abenteuers meines Lebens in den Blick zu nehmen. Mit an Sicherheit grenzender Wahrscheinlichkeit wird es in absehbarer Zeit ein hoffentlich unspektakuläres Ende nehmen, und die Zeit bis dahin dürfte nach menschlichem Ermessen tendenziell von Tag zu Tag härter werden. Von dem bekannten „Neger-Song“ (Mainzer Fasnacht der 60er Jahre) „Es wird ja alles wieder gut“ bleibt dann nur die letzte Zeile „in hundert Jahr ist alles vorbei“. Das „war`s das?“ hat dann unwiderrufliche Endgültigkeit in allen irdischen Belangen. Dem gilt es entgegen zu sehen, und die Aussage, Altern ist nichts für Feiglinge dürfte sich auch in meinem Fall bestätigen. Alles Weitere steht in den Sternen, will sagen, ist offen und rein spekulativ. Im letzten Kapitel findest Du aber, lieber Leser, dazu einige eigene Überlegungen.

Kapitel 2
Da war doch noch etwas?

Noch aber ist mein Bericht aus dieser Welt und hat nichts Überirdisches an sich. Es sollte sich nach meiner Vorstellung eigentlich nur um ein Paar Nachträge, Ergänzungen und Korrekturen handeln. Anregungen dazu bekam ich in der Regel über die schon bekannte Schiene meines anonymen Dramaturgen, der dann allerdings doch wieder für einige Überraschungen sorgte. Zum Beispiel mit dem Thema Träumen.

Meine „Traumzeit“ als arbeitsloser Pensionär ließ sich erst einmal hervorragend an: wie Urlaub von der Pflicht eben, nur unbefristet. Natürlich spreche ich hier nicht von den Pflichten des Alltags, die sogar tendenziell zunahmen, was sich im Wesentlichen aus der Behinderung meiner Frau ergibt. Vielmehr meine ich die selbstgewählte Befreiung von den Zwängen, die die Beschäftigung mit relativ anspruchsvollen Hobbys so mit sich bringt. Als „ Mann hinter der Kamera“, wie mich die Lokal-Redakteurin der *Süddeutschen Zeitung* in einem kleinen Artikel bezeichnet hat, ist man ja sozusagen immer auf dem Sprung, um etwas Außergewöhnliches mit der Kamera zu erhaschen. Und fast noch mehr hält einen die geistige Beschäftigung mit seinem Thema gefangen, wenn man an einem Buch arbeitet. Alles gestrichen, der Kalender ist jetzt leer, ja überflüssig. Was lange Zeit eines der kostbarsten Güter war: Zeit stand plötzlich gelangweilt an der Tür und wartete mit leicht vorwurfsvoller Mine auf Nutzung.

Nun muß ich sagen, daß ich es in der Versenkung in einen meditativen Zustand bislang bisher nicht weit gebracht hatte. Ich vermute, daß dem mein ein Leben lang eingeübtes Verständnis von Arbeit zur Erreichung eines Leistungsergebnisses im Wege stand. Nun, da die Arbeit arbeitslos geworden war, hatte ich erst einige Mühe zu lernen, daß da Sitzen, Kommen lassen, Gedanken unbewertet weiter ziehen lassen, schlicht: ohne Ziel sich dankbar vom Leben an die Hand nehmen lassen, eine Art des Meditierens darstellt.

Dazu waren jetzt die Voraussetzungen geradezu optimal: ein schönes Haus im altbayerischen Stil mit unverbaubarem Gebirgsblick, wunderbarer Luft, zeitweise allerdings auch mit altbayerischem Odel-Parfüm, eine wunderbare, intakte, liebevolle Familie, auch keine sonstigen drängenden Probleme und Sorgen, da sieht das Älterwerden für den Augenblick höchst erfreulich aus; eine gute Portion Vertrauen in das Morgen läßt sich da relativ leicht generieren. Und so sah ich denn neuerdings auch die Umwelt mit anderen Augen: gelassener, irgendwie behaglicher.

Der winzige Gartenteich, zu klein um Goldfische zu beherbergen, erwies sich bei geduldiger Beobachtung als ein Juwel für allerlei Kleinlebewesen wie Gelbrandkäfer, Molche, Wasserläufer; ja, erstmals hatte sich auch ein grüngoldener Teichfrosch eingefunden. Dazu Libellen und Schmetterlinge aller Art, mindestens zehn Arten von Vögeln, die sich die Tränke mit unseren zwei Karthäuserkatzen teilten und , wenn diese nicht in Sicht waren, schon mal ungeniert ein Bad nahmen. Von Zeit zu Zeit erhob sich in den verschiedenen Eichengruppen rund ums Haus wüstes Geschrei, wenn die dort horstenden Krähen einen unerwünschten Eindringling angriffen, so etwa die häufig hoch am Himmel rüttelnden Rot-Milane auf der Such nach Mäusen. Auch ein Igel war gern gesehener Gast im Garten, nur das von uns aufgehängte Fledermaushaus ließ nie erkennen, daß es von den scheuen Tieren angenommen worden sei.

Im Lauf der Zeit bekam diese Menagerie weiteren Zuwachs von der Natur nachempfundenen Kunsthandwerkerprodukten, was vor allem der Nähe zum Töpfermarkt in Dießen zu verdanken war, so ein stattlicher Frosch, eine auf einer Kugel thronende Meerjungfrau, verschiedene Vögel und Fische, die alle in das Schilf rund um den kleinen Teich postiert waren und sich vielleicht so um die Mitternacht, wenn sich ein praller Vollmond, eitel wie Adonis, im Wasser spiegelte, etwas zu erzählen hatten. Das Idyll vervollständigten noch drei „Blauschafe“ vom Niederrhein in Naturgröße, die allerdings leider ziemlich nutzlos herumstanden statt uns das leidige Rasenmähen zu ersparen.

Meist gegen Ende Mai, kurz bevor die große Wiese gemäht wurde, die sich vom Gartenzaun bis zum jenseitigen Waldrand erstreckt, hinter dem zumindest an Föntagen die Gebirgskette der bayerischen Alpen aufzusteigen scheinen, kamen schon mal Reh-Ricken mit ihren Kitzen zum Äsen bis an unser Grundstück. In dem üppig blühenden, hüfthohen Gras waren sie nur schwer zu sehen, aber wenn wir uns auf den Holzbalkon im ersten Stock begaben, konnte man das vor Lebenslust nur so strotzende Naturschauspiel wie auf den besten Rangplätzen im Theater verfolgen. Ein nahezu paradiesisches Leben, könnte man also sagen.

Aber die paradiesische Begeisterung hielt nicht lange an. Also entweder hat das Paradies doch noch etwas mehr zu bieten als die irdischen Freudenpalette oder es ist, wie ja manche meinen, per se etwas langweilig. Jedenfalls meldeten sich schon bald die alten Versucher wieder, die mir zuraunten: „daraus mußt Du doch etwas besonders Schönes machen!“. Damit zeigten sie sich wieder einmal bestens informiert, denn in der Tat hatte ich mich schon seit Beginn des inzwischen über zehnjährigen Zeitraums, in dem wir da leben dürfen, wo andere Urlaub machen, mit dem Gedanken getragen, einen reinen Naturfilm aus und über unsere neue Heimat zu machen. Und das wichtige Kapitel „Wettergeschehen“ hatte ich ja schon im Kasten, denn immer wenn es in dieser Beziehung spektakulär wurde – und das war recht oft der Fall -, war ich nur allzu oft der Versuchung erlegen, das Geschehen filmisch zu dokumentieren. So imposant die Palette des Wettergotts ist, so reichhaltig ist auch mein entsprechender Film-Fundus; grob überschlagen könnte ich allein aus meinen Beständen an Sonnenauf- und -untergängen einen mehrstündigen Film zusammenbasteln. Versuche in dieser Richtung haben allerdings gezeigt, daß die noch so großartigsten Aufnahmen aneinandergereiht zum Gähnen langweilig sind. Vermutlich würde auch die schönste einschlägige Musik, an die ich dachte, etwa *Die Alpensinfonie von Richard Strauß,* daran nichts ändern. Und ob das von mir aus nächster Nähe aufgenommene herzzerreißende Suchen der Rehmutter nach ihrem von einer riesigen Mähmaschine niedergemähten Kitz so das ganz große Kino abgäbe, schien mir doch ebenfalls recht zweifelhaft. Und so schlummerte das Projekt „Bernried. Naturfilm“ weiter vor sich hin.

Etwa zu diesem Zeitpunkt änderte sich dieses Idyll, indem der Traumfänger die Bühne betrat.

Kapitel 3
Am Anfang war der Traumfänger

Er kam mit der Post, in einem ungewöhnlich großen und dicken Briefumschlag, frankiert mit amerikanischen Briefmarken; Absender unbekannt. Offensichtlich ein Bettelbrief aus der Kategorie „Spendenfänger", denen gewöhnlich irgend ein kleines Geschenk beiliegt, das die Bereitschaft Gutes zu tun erhöhen soll. In diesem Fall war es ein kleines Spielzeug aus Vogelfedern, das ich bisher noch nirgendwo gesehen hatte. Daß es sich um einen Traumfänger handelte, darüber klärte mich erst der Brief auf. Es ging darum, für ein Reservat der Lakota-Indianer im US-Staat Dakota zu spenden. Und ich erfuhr weiter, daß das hübsche, offensichtlich handgearbeitete Feder-Gebilde nach altem Brauch an die Betten der Kinder gehängt wurde, wo es die Aufgabe hatte, sie vor schlechten Träumen zu bewahren, indem es nur gute Träume durchließ, schlechte aber zurückhielt.

Nun hatte ich schon eine stattliche Sammlung von derartigen Bettelbriefkunden, und ich hatte mir geschworen, diesen so weit wie möglich die Treue zu halten, aber keine neuen Klienten mehr aufzunehmen. Also wanderte der Bettelbrief in den Papierkorb. Den hübschen Traumfänger ebenfalls wegzuwerfen, brachte ich aber nicht übers Herz, und da mein Traumleben oftmals auch von Alpträumen heimgesucht wurde, hängte ich das Federbüschel sozusagen auf Probe an mein Bett. Dort hängt es noch heute, ohne daß ich behaupten könnte, daß sich an der Zusammensetzung der nächtlichen Traum-Besucher etwas geändert hätte. Und doch kam eine andere, unerwartete Entwicklung ins Rollen, die jedenfalls ohne den Traumfänger kaum an mich heran getreten wäre.

Hier sollte ich einflechten, daß ich auf geheimnisvolles Geschehen, das auf Enträtselung, zumindest auf Deutung wartet, immer schon empfänglich reagiere. Neugier ist ja zweifellos eine recht verbreitete menschliche Eigenschaft; mir scheint jedoch, daß mir da eine größere Portion zugeteilt wurde als das durchschnittlich der Fall ist. So Einiges von dem, was Dir, lieber Leser in diesem Buch noch begegnen wird, ist auf diese Neugier zurückzuführen, als Folge meiner Beschäftigung mit Geheimnissen, denen ich während meiner beruflichen Beanspruchung nicht genügend Zeit widmen konnte, die somit also noch auf ihre Chance hoffen durften, meine Aufmerksamkeit als Pensionär zu ergattern. Sehr schön hat dieses Situation wieder mein „Bibliotheksengel" erkannt, indem er mir ein Buch mit dem Titel: *Glaubwürdig von Gott reden* von Klaus-Peter Jörns zugespielt hat. Darin geht der Verfasser, ein evangelischer Theologe, auf „versäumte Lektionen" ein, die bisher in der Theologie entweder gar nicht oder doch nicht angemessen behandelt wurden. Genauso ergeht es mir; ich habe das eindeutige Gefühl, daß mir im vergangenen Jahr solche versäumten Lektionen neu vorgelegt wurden, denen ich noch den Dienst schuldig war, mir eine Meinung über sie zu bilden und diese dann auch meinen Lesern zu verkünden. Herr Jörns spricht, wie nicht anders zu erwarten, von einigen theologischen Lektionen, bei mir sind es gar eine ganze Hand voll; sie beschränken sich aber nicht auf theologische Themen. Der Traumfänger jedenfalls eröffnete mir die Lektion „Traum", damit einen Ausschnitt aus dem großen Kapitel Kosmologien, zu dem sich bei mir im Lauf des Lebens so Einiges angesammelt hatte, was mir aber in noch weitgehend unverdautem Zustand im Magen lag.

Hatte der Traumfänger, wie schon gesagt, auch wenig zur Gestaltung meines nächtlichen Traumreichs beigetragen,(das ich dessen ungeachtet durchaus als einen Kosmos sui generis halte,) so hatte er aber eine vage Erinnerung bei mir wachgerufen an ein Buch, das so zum Ende des letzten Jahrhunderts ein viel besprochener Bestseller war: *Traumfänger* von Marlo Morgan, erschienen 1995 in Deutsch bei Goldmann. Der Untertitel. *Die Reise einer Frau in die*

Welt der Aborogines sowie die Angabe, daß es sich dabei um eine Roman-Erzählung handele, bedeuteten in meinem gewohnten Ausschlußverfahren, daß das Buch, das durchaus in unserer Bibliothek vorhanden war, in meiner Warteschlange auf einen hinteren Platz geriet, was in der Regel dann auch das Vergessen bedeutete. Vor allem aber fehlte es an einem aktuellen Anlaß, mich mit der „World under“ und damit unseren Antipoden zu beschäftigen, denn unser bevorzugtes Reisemittel, unser Segelboot, war für derartige Expeditionen allenfalls geeignet, wenn man dafür einige Jahre hätte investieren können; damals sprach man in Führungskreisen der deutschen Wirtschaft nur hinter vorgehaltener Hand von der Möglichkeit, sich einmal ein Sabatical-Jahr zu genehmigen, aber ein Abenteuer dieser Größenordnung wäre da sicherlich nicht in Betracht gekommen

Nun, jetzt fühlte ich mich verpflichtet, das Buch zu lesen und ich war von Seeite zzu Seite mehr von ihm fasziniert. Ich kann es nur weiterempfehlen, wie das Elisabeth Kübler-Ross auf dem Klappentext formuliert hat: *die Geschichte einer mutigen Frau, die mit den Aborigines wanderte und die wundervollen Geheimnisse und die Weisheiten eines sehr alten Stammes erfuhr. Es geht dabei um Dinge, die wir in unserer modernen Gesellschaft lernen müssen: wieder eine Beziehung zur Natur herzustellen, zu vertrauen und an unsere eigenen Ziele zu glauben.*

Doch es ist kein Roman, es ist eine Erlebnisgeschichte. Die Verfasserin ist auf mystische Weise eingeladen, an einer dreimonatigen Wanderung eines Aborigines-Stammes durch die Outbacks von Australien teilzunehmen, um Zeugin zu sein bei dessen beschlossenem Untergang. Denn diese verweigern sich bewußt dem Weiterleben in der modernen Gesellschaft in einer Welt, die nicht (mehr) die ihre ist. Das ist die aus meiner Sicht bestürzende Botschaft dieses Buches, daß es da Menschen gibt, die die Entwicklung der Lebensform der Rasse, die ja die unsere ist, für so verkehrt halten, daß sie sich darin nicht wiederfinden und bildlich gesprochen, lieber vom fahrenden Zug abspringen. Na ja, auf ein paar Verrückte auf dieser eh schon so übervölkerten Erde kommt es wohl auch nicht an, wird vielleicht von dem einen oder anderen Leser leichtfertig geurteilt werden; denn offenbar geht „das Leben" ungerührt daran vorbei. Wer das Buch liest, kommt aber an der Frage nicht vorbei, wie Leben eigentlich gemeint ist, wie es sinnvoll und harmonisch gestaltet und mit Liebe und Achtsamkeit für die Schöpfung vollzogen werden kann. Wenn Hybris das beherrschende Merkmal des vor kurzer Zeit ausgerufenen neuen Zeitalters „Anthropozän" ist, so ist die Traumwelt dieser Aborigines der absolute Gegenentwurf. Es ist nur konsequent, wenn sie den Untergang ihres Traums auf die radikalste Weise mit dem endgültigen Schlußstrich unter ihr Leben und dem ihrer nun nicht mehr auf die Welt kommenden Nachfahren beantworten. Wird ihre Kultur über kurz oder lang von der Erde verschwunden sein wie so viele vor ihr, und ihre Spuren bald vom Winde verweht, vom Vergessen zugedeckt?

Der Tod einer Kultur ist wie der Tod eines Menschen: es geht Unwiederbringliches verloren. Die Aborigines, die sich als die „wahren Menschen" bezeichnen, wollen nicht nur ihren Abschied als Protest vom modernen Leben verstanden wissen sondern die Botschaft vom „wahren Leben" hinterlassen. So lernt Marlo Morgan auf dem Marsch durch den mörderischen, sonnenverbrannten australischen Busch ohne jede zivilisatorische Grundausstattung wie entsprechende Kleidung, Proviant, Hygiene, ohne Uhr, Kompaß und Landkarte, von technischen Hilfen wie Funk, GPS oder Fernglas gar nicht zu reden, wie Überlebenstraining „in echt geht". Sie lernt, wie Känguruhs, Krokodile, aber auch Käfer und Maden schmecken, und sie lernt, wie ein Stein im Mund vor dem Verdursten bewahrt. Sie erfährt, wie die Aborigines sich ohne Worte auf mentaler Ebene verständigen und wie friedvoll und aufrichtig

Menschen miteinander umgehen können, wenn sie sich gegenseitig achten

Spätestens hier dürfte klargeworden sein, daß der kleine Traumfänger nur ein Symbol ist für eine Kosmologie, in der Traum und Realität eine untrennbare Einheit darstellen, wo Götter und Ahnen die Erde geformt und ihre inneren Kräfte in sie hinein gelegt haben; man steht staunend vor einer Kultur, die vermutlich älter ist als alle Kulturen dieser Erde. Nach jüngeren Funden hält man es für wahrscheinlich, daß sie seit über 100.000 Jahren existiert. Für den nachdenklichen Zeitgenossen erhebt sich damit erneut die Frage: woher kommt der Mensch, was ist sein Ziel? Und die Spurensuche gewinnt an Fahrt und Spannung.

Ja, wer hätte gedacht, in welche neuen Räume die Begegnung mit dem Traumfänger führen würde. Wer sich damit weiter beschäftigen will, dem empfehle ich: Die Kulturgeschichte der Aborigines *Am Anfang war der Traum* von Robert Lawlor, bei Droemer Knaur. *Er erzählt die faszinierende Geschichte dieses Volkes, das sich aus einem eigenen frühen Zweig des Stammbaums der Menschheit entwickelte, ein Volk, das seit Urzeiten in Einklang mit seinen Traumschöpfungsmythen und deren Gesetzen lebte, die Natur heiligte und ein harmonisches, friedfertiges Leben in einem blühenden Land führte, bis die Weißen den australischen Kontinent besiedelten und die Ureinwohner fast vollständig ausrotteten. Lawlor zeigt auf, wie uns aus der Kultur der Aborigines und aus der Offenbarung ihrer Traumzeit eine neue Sichtweise des Goldenen Zeitalter der Menschheit erwachsen kann. Er schildert ein Volk, das von der Jagd und dem Sammeln wilder Früchte lebte, keinerlei materiellen Besitz aufhäufte und keine Schrift entwickelte, sondern seine Geschichte mündlich tradierte und eine hochentwickelte Sprache pflegte, deren Strukturen und deren enorm großer Wortschatz uns eine neue Welt der Wahrnehmung und des Verstehens öffnen. Er beschreibt ein Volk, dessen Sexualität und*

Gefühlsleben reich und vielseitig war und das verwandtschaftliche Beziehungen, Gemeinschaftlichkeit und die Gesetze der Traumzeit als seinen größten Besitz schätzte. Und nicht zuletzt führt uns Lawlor ein Volk von hochtalentierten Künstlern vor, die ihre Traumgeschichten bildnerisch umsetzten. (zitiert nach dem Klappentext.)

Phantastische Eindrücke hiervon sind in dem Ausstellungskatalog „ARATJARA", Du Mont Buchverlag, Köln, zu gewinnen. Dem Leser, der sich darauf einläßt, verspreche ich faszinierende Einsichten und Begegnungen.

Nach der eindrucksvollen Lektüre der beiden Aborigines-Bücher, hatte ich das Bedürfnis, noch etwas mehr über das Leben dieser Menschen zu erfahren, denn bisher hatte ich nur ein sehr geringes Wissen davon, das im typischen Hochmut unserer abendländischen Kultur ein indigenes Naturvolk zeichnet, weitab von jeder Bildung und Zivilisation, damit also allenfalls kurios, aber sonst für unser Niveau von absoluter Bedeutungslosigkeit. Ich war deshalb gar nicht verwundert, daß ich im Netz sofort auf einen veritablen Streit stieß, der um die Bedeutung der Kultur der Aborigines geführt wird, in dem ihnen bei den neuen Herrn Australiens als eine Horde nackter Wilder nur Verachtung und Unverständnis entgegen gebracht wird. Ebenso wie die Indianer Nordamerikas seien sie für die Teilhabe am „normalen Leben" ungeeignet und ihr baldiges Aussterben schon vorgezeichnet.

Ist es vielleicht mehr als eine interessante Arabeske, daß „mein Traumfänger" von der gleichen Machart ist wie der Traumfänger der Aborigines, obwohl der in meinem Besitz befindliche ja aus der Kultur der Lakota-Indianer stammt? Eigentlich hatten die beiden Völker in der uns bekannten Geschichte keine Berührung miteinander; ich zumindest habe nichts in dieser Richtung feststellen können. Wenn aber die These stimmen sollte, daß die heute lebende Menschheit von einigen wenigen aus Ostafrika kommenden

Stammmüttern abstammt und man außerdem in Betracht zieht, daß die heutigen Kontinente alle einmal zusammen als Pangäa ein Ganzes bildeten, dann scheint auch das Absurde nicht ganz ausgeschlossen werden zu können.

Noch ein anderer abseitiger Gedanke kam mir in den Sinn, als ich wieder einmal die seltsame Geschichte von dem tödlich endenden Streit zwischen Kain und Abel aus der Bibel las, der ja auch als verschlüsselte Darstellung des Streits zwischen den Kulturformen „Jäger und Sammler“ sowie „der Ackerbauern und Viehzüchter“ gedeutet wird. Von den Aborigines jedenfalls wird gesagt, daß sie in der Absicht, die Natur zu erhalten, wie sie von ihnen vorgefunden worden ist, grundsätzlich keinen Ackerbau betreiben würden und deshalb nomadisierend unterwegs sind. Ist also der Lebensstil der Aborigines sowie ihr selbstgeplanter Untergang die zwangsläufige Folge des endgültigen, unumkehrbaren Siegs unserer materiellen Kulturform? Die Antwort auf diese Frage sollte jedenfalls bei den Überlegungen eine Rolle spielen, die sich mit der Frage verbindet: was läuft in unserer kapitalistischen Gesellschaftsform schief? Und was ist das für ein Sieg?

Kapitel 4
Spurensuche im eigenen Kielwasser

Wie ich schon in meinem Buch „Den Wind in der Hand“ erzählte, auf meinen Fahrten auf eigenem Kiel, die praktisch das ganze Mittelmeer durchzogen, waren die dabei erreichbaren archäologischen Fundstellen grundsätzlich wichtige Haltepunkte für ausgiebige Erkundungen. Bis zum Erbrechen, könnte man sagen. Das ging manchmal fast bis zur Meuterei der Mannschaft, und ich habe noch den im Logbuch überlieferten Ausspruch von Freund Rolf Heyne im Ohr, aus dem es nach drei Tagen Altertums-Exkursion in Karthago herausbrach: „Jetzt hab ich aber die Nase voll von alten Steinen!“ – und das, nachdem wir gerade kurz davor die sensationellen römischen Gemeinschafts-Latrinen bewundert hatten. Es gäbe da so manches zu erzählen, so etwa von unserem Besuch von Nora, der Ausgrabungsstätte einer phönizischen Stadt auf Sardinien in der Nähe von Calgari, wo wir in den bereits etwas älteren Vorschriften für Besucher ermahnt wurden, den heiligen Boden nur zu betreten, wenn wir vorher drei Tage keinen Knoblauch gegessen und keinen Geschlechtsverkehr gehabt hätten. Ersteres konnten wir eher per Zufall, letzteres auf unserem Männertörn ex definitione unter Beweis stellen.

Allerdings bewahrt Wasser keine Spuren. Obwohl wir auf verschiedenen Kursen das Kielwasser des listenreichen Odysseus gekreuzt haben müssen, ein Erlebnis, das das Herz höher hätte schlagen lassen, stellte sich nicht ein. Auch in der ionischen Inselwelt, seiner engeren Heimat, scheint der Göttergleiche heute auch nur noch einen minimalen Erinnerungswert zu genießen, was in einem Gewerbe, das jeden Tonscherben schon zu einer Art Heiligtum hochstilisiert, recht unerwartet ist. Selbst in Ithaka, seiner Insel, ließen sich vor etwa vierzig Jahren, als wir dort herum schipperten, keine nennenswerten Anhaltspunkte finden. Wohl werden die Touristen auf der zu Malta gehörenden Nebeninsel Gozo zu einer Steinhöhle geleitet, in der der Held gute sieben Jahre mit der Nymphe Kalypso vertändelt haben soll, doch lohnt sich die Kletterei dorthin meines Erachtens nicht, denn außer ein paar flachen Felsen ist dort nichts zu sehen; man müßte schon mit einem Höchstmaß an einschlägiger Phantasie begabt sein, um sich dort ein ansprechendes Liebesnest hineindenken zu können.

Wo nun schon einmal von Malta die Rede ist, gilt es eine andere verlorene Kultur zu entdecken, von der zwar höchst eindrucksvolle Spuren zu bestaunen sind, von der wir aber noch nicht einmal einen Namen wissen. Als ich meinen dort gedrehten Film betiteln wollte, war ich echt in Verlegenheit; herausgekommen ist letztlich der Titel „Menschheitsrätsel Malta“, der nun auch mein nächstes Kapitel überschreiben soll.

Kapitel 5
Menschheitsrätsel Malta

Obwohl ich schon seit meiner Schulzeit als angehender Humanist an Archäologie und speziell an den frühen Kulturen rund ums Mittelmeer großes Interesse hatte, war mir lange verborgen geblieben, daß Malta die Spuren einer alten megalithischen Kultur aufzuweisen hat, die allerdings bis heute keinen eigenen Namen trägt. Wohl habe ich so gut wie alles gesammelt, was über die frühen Kulturen des „mare nostrum" zu finden war, aber selbst so dicke Folianten wie der Prachtband „*Inseln des Mittelmeeres*" (Prestel, München 1984) hat auf 450 Seiten gerade mal 25 Zeilen den ältesten Tempelbauten. „die weit vor den minoischen Bauten oder dem Bau der ägyptischen Pyramiden liegen" gewidmet. Es gibt eben nicht viel zu berichten über „Nichts", denn außer der Entstehungszeit der frühgeschichtlichen Tempelbauten auf Malta und Gozo ist nichts bekannt, weder das woher noch das wohin dieser Kultur, weder Sprache noch Schrift , weder Name noch Geschichte, weder Gesellschaftsform noch Religion. Und ich wage die Behauptung, daß viele der Touristen, die Malta bereist haben, von den gewaltigen Zeugnissen frühester Baukunst gar nichts mitbekommen haben.

Sollten sie aber doch den einen oder anderen der neolithischen Tempel gesehen oder gar das erst Anfang des 20sten Jahrhunderts zufällig entdeckte Hypogäum besucht haben, bleibt die Frage offen, ob sie wahrgenommen haben, daß sie nicht nur mit Zeugnissen einer Frühkultur, sondern auch mit einer anderen Religion und Gesellschaftsform in Berührung gekommen sind: dem „goldenen Zeitalter", wie es in vielen Schöpfungsmythen genannt wird, das geprägt ist von der Großen Göttin und Erdmutter Gaia. Auch wenn wir von den Menschen dieser Epoche so gut wie nichts wissen, so besteht doch kein Zweifel, daß es sich um einen weiblichen Götterkult, einer matriarchalisch dominierten Gesellschaftsform gehandelt haben muß. Man hat die vielen „fat Ladies“, wie sie von den Engländern ziemlich despektierlich genannt wurden, lange mit den im minoischen Kreta gefundenen weiblichen Figurinen in Verbindung gebracht, doch hat sich inzwischen die Ansicht durchgesetzt, daß auf der vergleichsweise winzigen Inselgruppe Malta vor etwa 5500 Jahren v. Chr. eine ganz eigene Kultur entstanden ist, die 3000 Jahre später plötzlich und ohne erkennbaren Grund abbrach.

Inzwischen sind einige Bücher erschienen, die der wiedergewonnenen Göttin und Mutter des Lebens gewidmet sind, die zwar auch nicht viel mehr gesichertes Wissen vermitteln, aber recht deutlich erkennen lassen, wie stark der Widerstand von der Seite des „männlichen Establishments“ gegen die Rückkehr der Göttin ist.

Jedenfalls halte ich es für höchst verdächtig, daß von der unbestreitbaren matriarchalischen Prägung unserer Frühgeschichte kaum gesprochen wird, der Aufsatzpunkt unserer Geschichtsbetrachtung also insofern falsch gewählt ist. Die Funde aus den Tempeln der maltesischen Inseln lassen kaum Zweifel daran, daß wir Zeugnisse eines Kults der Großen Erdmutter vor uns haben. Wenn man etwa die Figur der in Gozo gefundenen „schlafenden Venus“ vor sich hat, beschleicht einen das Gefühl, vor einem perfekt inszenierten Betrug zu Gunsten des seit etwa 5000 Jahren dominanten männlichen Prinzips bei gleichzeitiger Zurücksetzung, ja gezielter Verfemung der davor vorherrschenden weiblichen Werte zu stehen, und zumindest ich habe das Gefühl, daß da etwas nicht im Lot ist, daß mit unserem traditionellen patriarchalischen Geschichtsverständnis etwas ganz entschieden falsch ist.

Diese meine Überzeugung ist im Wesentlichen das Resultat einer sehr kritischen Auseinandersetzung, die Riane Eisler unter dem Titel *„Kelch und Schwert“* schon vor dreißig Jahren vorgelegt hat, die allerdings in unserer Bibliothek von mir weitgehend unbeachtet ein unfruchtbares Dasein fristete. Isabel Allende hat darüber gesagt, *„...es ist eines der wunderbaren Bücher, die uns wirklich verändern und darüber hinaus einen fundamentalen Wandel der Welt bewirken können“*. Und Ashley Montagu meinte gar: *das wichtigste Buch seit Darwins Entstehung der Arten.*

Nun ist oder war das Thema „Kampf der Geschlechter“ eigentlich bislang nicht „mein“ Thema, was ich an anderer Stelle zum Ausdruck gebracht habe. In meinem Leben haben weibliche Prinzipien einen mindestens gleichwertigen Einfluß ausgeübt, und männlicher Herrschaftswille war, so er sich mir gegenüber überhaupt durchzusetzen gedachte, von anderen Zielen weit über Gebühr in Anspruch genommen: Das galt in vollem Umfang für die Kindheits- und Jugendjahre, wo mein Vater „kriegshalber“ seine Vaterpflichten und Rechte abzugeben gezwungen war; es galt aber auch in meinem erwachsenen Leben, wo es mein wichtigstes Bestreben war, unser Leben in partnerschaftlicher Übereinstimmung mit meiner Frau zu gestalten. Glücklicherweise darf ich in der Rückschau feststellen, daß das auch weitgehend gelungen ist und ich denke, daß diese Feststellung auch von allen Familienmitgliedern so unterschrieben wird. Und das erfüllt mich mit großer Freude und Dankbarkeit.

Riane Eisler , eine weltweit anerkannte Wissenschaftlerin, hat ihr Buch mit dem Untertitel versehen: *unsere Geschichte, unsere Zukunft.* Das ist zweifellos ungewöhnlich für eine Archäologin. *„Mit ihrem Buch verleiht sie einer konkreten Hoffnung Ausdruck, daß es einen anderen Weg geben könnte, Beziehungen und Institutionen zu gestalten und zwar auf eine Weise, die dem Leben und den Bedürfnissen des Menschen dient. Sie schöpft aus umfangreichen Forschungsergebnissen und ihrer eigenen Leidenschaft für die Transformation ...Als ich dieses Buch las, wurde ich erneut daran erinnert, daß eine andere Lebensweise nicht nur möglich ist, sondern erst vor wenigen tausend Jahren für einen Großteil der Menschheit Wirklichkeit war. Riane Eisler inspiriert uns, die*

Arbeit zu tun, die notwendig ist, um diesen Traum erneut wahr werden zu lassen." (Zitat aus dem Geleit von M. B. Rosenberg.)

Die wichtigsten Thesen in diesem Buch sind in aller Kürze:

1. Eine neue Geschichtsbetrachtung. Aufgrund jüngster Forschungsergebnisse aus Archäologie, Kunst, Religion, Gesellschaftswissenschaften und Geschichte ergibt sich ein neues Bild über die Ursprünge unserer Geschichte. Dabei wird deutlich daß weder ein Gott noch die Biologie uns dazu bestimmt haben, einen Krieg nach dem anderen zu führen und uns im permanenten „Kampf der Geschlechter" zu zermürben.
2. Alle mythischen Legenden sprechen davon, daß am Anfang eine längst vergessene Zeit der Harmonie und des Friedens herrschte. Es besteht Einigkeit in der Wissenschaft, daß die Mythen in vielen Einzelheiten auf tatsächlichen Ereignissen beruhen.
3. Die vorhandenen, z.T. neu entdeckten Indizien belegen, daß eine langwährende Ära des Friedens und des Wohlstands von einer Gesellschaft geprägt wurde, die keine Männergesellschaft war, keine Hierarchien und kaum Gewalt kannte.
4. Nach heutiger Überzeugung war das erste Herrschaftsmodell weder ein Patriarchat noch ein Matriarchat mit der jeweiligen Überordnung einer Hälfte der Menschheit unter die andere, sondern ein Partnerschaftsmodell, das auf Konsens und nicht auf Rangordnungen beruht.
5. Der Umbruch vom ursprünglichen Partnerschaftsmodell zu dominatorischer Herrschaft unter dem Symbol des Schwertes führte zu einer langen Periode des Chaos und zu kulturellem Niedergang.
6. Nur eine partnerschaftlich orientierte Gesellschaft – symbolisiert durch den lebenserhaltenden Kelch – gewährleistet das

Überleben der Art und die Weiterentwicklung ihrer Potentiale.

Als „ceterum censeo" von Frau Eisler in der Verwirklichungsproblematik lautet die Frage nicht, *wie wir Konflikte ein für allemal aus der Welt schaffen können. Ein solches Vorhaben wäre aussichtslos, denn wo immer Individuen mit unterschiedlichen Bedürfnissen, Wünschen und Interessen in Kontakt kommen, sind Konflikte unvermeidlich. Die Frage, ob es uns gelingt, unsere Welt von gewalttätigen Auseinandersetzungen zu befreien und statt dessen friedliche Koexistenz durchzusetzen, ist vielmehr weitgehend davon abhängig, inwieweit wir es schaffen, die herkömmlich stets destruktiven Konflikte in produktive umzuwandeln." (s. S.283).*

Auch dieses Buch scheint mir von enormer Wichtigkeit zu sein bei der noch ausstehenden Betrachtung unserer gegenwärtigen Krisen.

Kapitel 6
Die Steine von Ica

Und noch ein Riesenschritt zurück

Die Steine von Ica ist der Titel eines Buches von Cornelia Petratu und Bernhard Roidinger, das den Untertitel trägt „Protokoll einer anderen Menschheit“. Ich bin ihm über den Weg gelaufen bei einem meiner kleinen Mittagsspaziergänge, bei denen meist ein Besuch der Dresdner Bank den Anlaß gab. Auf dem Weg dorthin war der „Wühltisch“ der Herder Buchhandlung zu passieren, jedesmal eine große Versuchung, denn dort stapelten sich die schönsten Bildbände aus dem Sektor Kunst- und Kulturgeschichte, und das in der Regel zu herabgesetzten Preisen. Dort sprang mich auch besagtes Buch an, dessen Schutzumschlag unter der Überschrift „Dinosaurier, einst die Haustiere des Menschen“ eine Reihe von Zeichnungen versammelte, die mit nichts vergleichbar waren, was ich je gesehen hatte. Nun, ich ließ es mitgehen, denn einen „kleinen Dino“ als Haustier hat ja nicht jeder. Zu Hause verschlang ich es, samt aller Dinosaurier, und deren gab es nicht wenige!

Zum Buch. Im Klappentext heißt es: *Im Mittelpunkt steht eine der sensationellsten Sammlungen der Gegenwart: die Steinebibliothek von Ica. Sie beinhaltet ca. 11.000 gravierte Steine, die eine bis jetzt völlig unbekannte Entstehungsgeschichte des Menschen auf der Erde schildern... Müssen die bestehenden Theorien über die Entstehung der Menschheit umgeschrieben werden? Die Entdeckung einer anderen Menschheit, die vor 65 Mio. Jahren die Erde bevölkerte, kommt einer Revolution gleich. Ein Buch, das neue Dimensionen erschließt und den Leser herausfordert, ihn zu einer geistigen Reise, zu einem geistigen fantastischen Abenteuer einlädt. Die echten Steine von Ica sind die Sensation dieses Jahrhunderts.*

Menschen, die zusammen mit Dinosauriern zur gleichen Zeit auf der Erde lebten? Menschen, die dabei sind, schwierigste medizinische Operationen vorzunehmen? Menschen, die auf Flugsaurier ähnlichen, mechanisch angetriebenen Flugapparaten durch die Luft reiten?

Es ist hier nicht der Raum, um auf die Steinfunde von Ica näher einzugehen, die vor gut 50 Jahren in der Nähe von Ica in Peru, nicht weit entfernt von der Hochebene von Nazca, die ja in der Archäologie der letzten hundert Jahre schon erhebliche Wellen geschlagen hat, gefunden wurden. Für den Interessierten gibt es aber heute im Internet die bequeme Möglichkeit, weitere Informationen einzuholen und je nach Wunsch tiefer in das spannende Thema einzusteigen. Hier nur so viel:

Die Echtheit der Funde, das Alter der Steine und die Deutung der Zeichnungen ist wie so oft in derartigen Fällen, heiß umstritten. Die offizielle archäologische Lehrmeinung hält die ganze Sache für eine billige Fälschung der ortsansässigen Bauern, die mit den von ihnen hergestellten Steinen gutes Geld verdienen. Die Gegenseite hat aber gute Argumente für ihre Echtheit, so die wissenschaftliche Datierung des Alters der Gravierungen der echten Steine (Fälschungen, die es in jedem Fall auch gibt, einmal ausgeklammert), der Inhalt vieler Steinzeichnungen, die unmöglich von Bauern stammen können usw..

Es handelt sich also um den archäologischen Fall, daß Funde da sind, aber nicht eingeordnet werden können in die vorliegende Deutung der Menschheitsgeschichte; umgekehrt also zu dem wohl häufiger vorkommenden Fall, wo aufgrund mythischer Erzählungen auf das Vorhandensein vorgeschichtlicher Kulturen bzw. ihrer Spuren gerechnet werden kann, aber eben diese Spuren nicht gefunden werden (z.B. Atlantis). Allerdings verfestigt sich bei mir der Eindruck, daß es angesichts der heute verfügbaren wissenschaftlichen Handwerkzeuge bei ernsthafter und vor allem unvoreingenommener Anwendung möglich sein müßte, ein eindeutiges Ergebnis zu gewinnen. Das verführt mich zu der spitzen Bemerkung, daß die Rolle des Beobachters wohl schon immer von erheblichem Einfluß auf das Ergebnis seiner Betrachtung gewesen ist und nicht erst mit Verkündung der Relativitätstheorie in Erscheinung trat.

Von ähnlicher Qualität wie die Steine von Ica befinden sich noch eine ganze Reihe anderer Dokumente in meiner Sammlung, so das Gilgamesch-Epos, das Popol-Vuh, natürlich auch Schriften von Eric Däniken, Zecharia Sitchin, die alle von frühen Sagen über Schöpfungsmythen berichten und die z.T. abenteuerliche Theorien aufstellen, in denen es immer auch um den Besuch von Außerirdischen geht oder mindestens um einen weiteren Planeten unseres Sonnensystems. Eine Aufstellung über die benutzten Schriften ist im Anhang beigefügt.

Ich hoffe, lieber Leser, auf Dein Verständnis, wenn ich mich über die Qualität dieser Dokumente im Einzelnen nicht äußere. Sie reicht jedenfalls von ernsthaft und glaubwürdig bis zu abenteuerlich und nach meinem Eindruck auch abwegig. Als interessierter Laie ohne einschlägige fachliche Qualifikation fühle ich mich aber nicht berufen, die einzelnen z.T. haarsträubenden Berichte zu kommentieren oder gar zu beurteilen. Sie überhaupt zu erwähnen dient somit nur dem Zweck, Dir einen Eindruck zu vermitteln, was zu dem Thema Ursprung der Menschheit und seiner Geschichte alles an gedachten oder auch tatsächlichen Sensationen enthüllt und mehr oder minder mundgerecht serviert wird. Meine Funde dazu sind davon auch sicherlich nur ein kleiner Teil. Festzuhalten ist meines Erachtens: nach heutigem Wissensstand, daß das, was mein Jahrgang so in den ersten Nachkriegsjahren in der Schule über den homo sapiens sapiens gelernt hat, in vielen Teilen hoffnungslos überholt, wobei „überholt“ auch schlicht „falsch“ einschließt. Man möchte es oft kaum für möglich halten, was gerade auch in dem nach Altersstaub muffelnden Wissensgebiet Archäologie ständig an Neuem entdeckt wird! Allerdings gehört zu dieser Aussage auch als Ergänzung der Hinweis hinzu, daß der Zuwachs an Erkenntnis nicht so sehr dem Ausgraben von „Antiquitäten" zu verdanken ist, sondern dem Zusammenwirken mindestens einer Handvoll neuer Fachrichtungen, die erst entstanden sind und bereit waren, die Ergebnisse ihrer Forschungen mit denen der Nachbardisziplinen zusammen zu führen.

Dieser Hinweis ist mir auch deshalb so wichtig, weil ich damit meine (Lieblings)- These bestätigt fühle, daß es zunehmend entscheidender ist, die ungeheure Menge an neu anfallendem Wissen sinnvoll, vor allem Ziel gerichtet „an den Mann zu bringen" und nicht nur für die Archive zu produzieren. Nach Meinung der Fachleute verdoppelt sich unser Wissen ja inzwischen innerhalb von 3 Jahren, mit kaum abzuschätzenden Folgen für den Aufwand der Verteilung und Vernetzung.

Doch zurück zum eigentlichen Thema.

Entgegen meiner oben getroffenen abschätzigen Bemerkungen zu dem Angebot an frühgeschichtlichen Sensationen möchte ich doch noch ein Thema aus diesem Sektor herausgreifen und zur Diskussion stellen, auch wenn die Diskussion wohl eher ein einseitiges rhetorischer Ereignis bleiben wird.

Kapitel 7
Die abendländische Schöpfungsgeschichte

Seit ich denken kann ist Gott ein Mann und die Woche hat sieben Tage. Und seit ich denken kann wurde die Erde in sieben Tagen erschaffen und begann der Anfang der Menschheit mit Adam, dem etwas später Eva aus einer Rippe Adams als Gefährtin beigegeben wurde. In meinem Buch *„Achtung Baustelle"* habe ich über den Wandel meines Gottesbildes berichtet. Falls Du, lieber Leser, dieses kleine Buch gelesen hast, weißt Du, daß es bei mir nicht bei diesem anfänglichen Wissen, das ich sozusagen mit der Muttermilch eingesogen habe, geblieben ist.

Interessant wäre es nun zu erforschen, wann und wodurch dieses mein Startkapital sich fortentwickelt hat. Leider kann ich aber nicht mit dramatischen Fakten dieser Entwicklungsgeschichte aufwarten oder, um im Bilde zu bleiben, in eine andere Währung umgetauscht wurde; es muß wohl eher beiläufig geschehen sein, zumindest sind keine Spuren eines Meinungskampfes zurückgeblieben. Es wird wohl so ähnlich gewesen sein wie mit dem hl. Nikolaus, dem Christkind und dem Osterhasen, die im Laufe des Erwachsenwerdens ihre vorgegaukelte „reale Existenz" eingebüßt haben und in verändertem übernatürlichem Habitus weiter lebten. Die Geschichte vom Paradies und der Erschaffung des Menschen war von einem solchen „Seinswandel" übrigens nicht betroffen, da er von Moses in der Genesis gut abgesichert berichtet ist. Dachte ich jedenfalls.

Daß es aber auch eine Vielzahl anderer Schöpfungsgeschichten gibt, die in vielen Punkten ganz anderes berichten, das herauszufinden war schon eine der schwierigeren Aufgaben für den eigenen Entdeckergeist. Den Anstoß für eine Forschungsreise in dieser Richtung gab ein gerade mal handtellergroßes Büchlein mit dem Titel *„Das Gilgamesch-Epos"*, das mir bei einem Streifzug durch die Münchner Auer-Dult in die Hände fiel. Damals hat es mich dann aber nicht vom Stuhl gerissen. Daß Helden mindestens zu Halbgöttern avancierten, die mit Göttern verkehrten, war mir aus der griechischen Mythologie ja schon gut vertraut, ebenso, daß auch in den ersten irdischen Paradiesen ständig Krieg geführt wurde, auch wenn es nur um die lokale Vorherrschaft zwischen Städten im eng begrenzten Zweistromland ging und daß das Kriegsglück sehr wandelbar war, all das ging ja aus den alten Texten in fast gleichlautendem Duktus überall hervor; lediglich die Namen der Helden waren auszutauschen. Verwunderlich war allenfalls, daß mir vieles aus dem reichen Sagenschatz aus den sumerischen Landen schon recht bekannt vorkam, am auffallendsten in den Erzählungen von der Sintflut, fand ich sie doch in der Kinder-Bibel schon recht überzeugend in anschaulichen Bildern dargestellt. Die Frage wie diese weitgehende Übereinstimmung zustande gekommen sein mag, habe ich mir damals freilich noch nicht gestellt.

Während also mein Entdeckergeist lange Jahre untätig vor sich hindämmerte oder richtiger, sich statt dessen den real existierenden alltäglichen Wundern widmete, grub und schaufelte die Archäologie weiter fleißig vor sich hin, um dann von Zeit zu Zeit mit einer neuen Sensation aufhorchen zu lassen. Diese etwas staubige Wissenschaft beherrscht ja nicht nur die langsamen Tempi, in denen 100000 Jahre nur ein Wimpernschlag währen, sie kann auch in fünfzig Jahren neue Fakten zu Tage fördern, die für das Bestehende von wahrhaft umwerfendem Charakter sind. So ist es denn auch kein Wunder, wenn die Wiege der Menschheit plötzlich nicht mehr im Zweistromland zu suchen war, sondern mit an Sicherheit grenzender Wahrscheinlichkeit in Ost-Afrika stand. Oder gar mit dem Eingreifen von Außerirdischen in Verbindung gebracht wurde.

Bevor Du, lieber Leser, nun arglos in das nächste Kapitel einsteigst, möchte ich fairerweise eine Warnung aussprechen. Je nach dem, wo Du mit Deiner Reise in die versunkenen Welten startest, stehen Dir mehr oder weniger Überraschungen bevor, die die Bezeichnung „umwerfend“ ebenso verdienen. *Menschheitsgeschichte, völlig neu geschrieben* ist dafür ein gängiger Slogan auf vielen Veröffentlichungen dieses Genres. Man kann eigentlich gegen diese sprachlich Dramatisierung auch gar nichts einwenden, wenn da nicht die Frage der Beweisgültigkeit im Raum stünde. Faktum ist, daß die neuesten Forschungen zweifelsfrei neue Dokumente in Form von beschrifteten Tontafeln hervorgebracht haben, die von Sagen und Mythen aus der bisher geschichtslosen Zeit berichten, und zwar mit vielen Details und mit Angaben von Namen, Zeitdaten und Örtlichkeiten. Daran kommt man nicht so einfach vorbei, wenn man nicht von vorne herein alles beiseite schiebt, was nicht zu der bisher verkündeten Lehre paßt. Es bleibt aber die große Frage, welchen Wahrheitsgehalt man diesen „fabelhaften“ Erzählungen beimißt.

Daneben ist aber auch der Standpunkt vertretbar: *Ich bin an den Glaubenskriegen der Fachleute zu diesem Thema nicht interessiert, es gibt für mich Wichtigeres zu tun, als solchen Spekulationen zu der menschlichen Schöpfungsgeschichte hinter her zu jagen.*

Solltest Du diesem Standpunkt zuneigen, empfehle ich Dir, das Kapitel einfach zu überschlagen und bei Kapitel 9 weiter zu lesen.

Kapitel 8
Eine andere Schöpfungsgeschichte

In diesem Kapitel geht es um die Schöpfungsgeschichte der Babylonier, die auf Keilschrifttafeln überliefert ist und im wesentlichen in Mesopotamien gefunden wurde. Die Dichtung wurde von den Babyloniern auch nach den ersten beiden Worten „Enuma-Elisch genannt. Nach dem Alter der Tafeln wird davon ausgegangen, daß die Geschichten im 9. Jahrhundert v: Chr. aufgezeichnet wurden. Soweit die harten Fakten. Erwähnt sollte noch werden, daß neben den sieben bekannten und übersetzten Tontafeln auch noch weitere Schriften von den alten Sumerern gefunden wurden (Babylon ist ein Teil von Sumer), und daß die Sumerer die erste Schrift entwickelt haben, von der wir wissen.

In Tafel eins wird erzählt, daß aus dem anfänglichen Chaos „*die Götter aus dem Schoß von Apsu und Tiamat geboren wurden.*“ Das wären also die Urgötter. Diese gebaren Kinder, genannt werden allerdings nur Söhne, aber das ist nichts Verwunderliches. Und es kam auch gleich zu Streit, der schon ein sehr irdisches Gesicht hat. Hier nur ein paar Zeilen zum Schmunzeln:

Apsu tat den Mund auf, mit lauter Stimme sprach er zu Tiamat:

Unerträglich ist mir ihr Verhalten. Tagsüber kann ich nicht ruhen, nachts kann ich nicht schlafen.

Ich will sie vernichten, um ihrem Treiben ein Ende zu machen.

Stille soll herrschen, damit wir endlich schlafen können!

Als Tiamat diese Worte vernahm, begann sie gegen den Gatten zu schmähen,einen Schmerzensschrei stieß sie aus, wütend in ihrem Alleinsein,ließ sie das Böse in ihr Herz:

„Was, vernichten sollen wir, was wir geschaffen haben?

Gewiß, ihr Verhalten ist peinlich, doch wollen wir uns mit Sanftmut gedulden.“

Angesichts dieser amüsanten Banalität des Berichteten habe ich den Eindruck, daß dieser Schöpfungsbericht eher zur Erheiterung der damaligen Hörer oder Leser gedacht ist, jedenfalls keine wirkliche Konkurrenz zum Evangelium des Johannes mit seinem hehren Anfangstext (1-5) *Im Anfang war das Wort*...zu erkennen ist.

Dann aber kommt – ich gehe einmal davon aus, daß das für die meisten Leser der Fall ist – Neues ins Spiel: die Aliens betreten die Bühne des Weltgeschehens.

Nun, die Außerirdischen, die Anunnaki, kommen zwar aus dem Weltall, aber bei näherem Zusehen wird klar, daß es sich um die Bewohner eines weiteren Planeten in unserem Sonnensystem handelt, der Nibiru heißt. Die Anunnaki, was so viel bedeutet wie *Volk des Anu,* sind auf der Durchreise auf der Suche nach Gold, das sie dringend benötigen, um ein Leck bzw. Loch in der Lufthülle ihres Planeten zu schließen. Wer denkt da nicht an unser Ozonloch als eine parallele Situation? Offenbar wissen die Anunnaki, daß es auf der Erde Gold gibt, und deshalb setzen sie ein Raumschiff aus mit dreihundert der Ihren, die das Gold holen sollen. Die Erdbewohner, die im Schnitt nur halb so groß sind und auch sonst noch sehr unterentwickelt, werden von den außerirdischen Besuchern als geeignete Sklaven angesehen, die für die Götter – natürlich werden diese Riesen von den Irdischen als Götter angesehen! – die schwere Arbeit des Bergbaus übernehmen sollen. Allerdings müssen sie erst noch in einigen Punkten ertüchtigt werden, wozu die Anunnaki der Einfachheit halber die nötigen Eingriffe vornehmen und auf diese Weise eine neue Rasse züchten, den Homo Sapiens sapiens.

So gesehen wären wir also von Außerirdischen zwar nicht erschaffen, aber doch genetisch umgewandelt worden, um für die Anunnaki zu schuften.

Ich nehme an, daß Du, lieber Leser, am leicht süffisanten Unterton meiner Zeilen herausliest, was ich von diesen Spekulationen halte. Allerdings ist meine anfängliche Ablehnung inzwischen doch in Nachdenklichkeit umgeschlagen, denn ich meine feststellen zu können, wie so manche Bruchstücke dieser phantastischen Deutungen erstaunlich gut ineinander passen. Als Beispiel dafür nenne ich nur die Erkenntnis, daß es offenbar doch noch einen zehnten Planeten gibt, der so alle 3600 Jahre in Erdnähe kommt und der sich zur Zeit „im Anflug“ befindet. Nibiru läßt also grüßen!

Diese Thesen sind übrigens teilweise schon vor fast 50 Jahren veröffentlicht worden; ich habe damals auch einige Bücher von verschiedenen Verfassern gelesen, sie aber unter der Rubrik „Spinnerei“ beiseite gelegt. Heute sieht die Sache schon etwas anderes aus, denn der Fortschritt des Wissens und Könnens in den einschlägigen Wissenschaften, vor allem der Medizin, verleiht dem Glauben an die Machbarkeit solcher „Zaubereien“ ständig neue Flügel.

Daß ich dieses Kapitel trotz seiner immer noch rein spekulativen Basis überhaupt aufgenommen habe, liegt aber an einem anderen Faktum, nämlich an einem nur ganze vier Verse langem Bericht aus der Bibel. Und auch von dem kann gesagt werden, daß er auch bei guten Bibelkennern kaum bekannt ist.

Dabei steht er ganz am Anfang des Alten Testaments, nämlich in Genesis 6, 1 bis 4. Die Genesis ist ja der eigentliche Schöpfungsbericht mit der Kapitelüberschrift „Die Anfänge der Welt und der Menschheit“ bis einschließlich zum Sündenfall und die Geschichte von Kain und Abel. Das alles ist weitgehend bekannt. Danach kommt die Liste der Geschlechterfolge der Nachkommen von Adam und Eva, und ich vermute, das ist der Abschnitt, bei dem die meisten Leser aussteigen oder jedenfalls weiterblättern bis zum Bericht über die Sintflut, von dem gesagt wird, daß er eine Kopie des (älteren?) babylonischen Sintflutberichts sei. Genau davor sind die genannten vier Verse zu finden, die eine eigene Überschrift tragen: *Gottessöhne und Menschentöchter.:*

Als sich die Menschen über die Erde hin zu vermehren begannen und ihnen Töchter geboren wurden, sahen die Gottessöhne, wie schön die Menschentöchter waren, und sie nahmen sich von ihnen Frauen, wie es ihnen gefiel ......In jenen Tagen gab es auf der Erde die Riesen, und auch später noch, nachdem sich die Gottessöhne mit den Menschentöchtern eingelassen eingelassen und diese ihnen Kinder geboren hatten. Das sind die Helden der Vorzeit, die berühmten Männer.

Das ist es also, was den ersten Schöpfungsbericht der Bibel konterkariert, ja torpediert, und es ist nur eine der sich erhebenden Fragen: warum hat man im Zuge der Kanonisierung der Bibel diese vier Verse, die da so kontextlos stehen, nicht wie so vieles Andere einfach herausgeschmissen? Man hätte sich dann den Kommentar ersparen können, in dem es (Fußnote der Jerusalemer Bibel) ziemlich verlegen heißt: *Ein schwierig zu deutender Text. Der Verfasser bezieht sich auf eine volkstümliche Legende über die Riesen, hebräisch: nefilim, die Titanen der orientalischen Welt, die man sich aus der Verbindung zwischen irdischen und himmlischen Wesen entstanden vorstellte.*

Natürlich wird eine enge Verbindung zwischen den jahwistischen Texten und den babylonischen Vorläufern von den drei monotheistischen Religionen energisch in Abrede gestellt, aber das nützt nicht viel; die einschlägige Literatur knüpft an diese Verse an und entwickelt weiter die gewagtesten Theorien: Von galaktischen Zusammenstößen über die Entstehung des Asteroidengürtels bis zur Entstehung von Atlantis, von Marduk, dem von dem Göttervater Anu ernannten Gott für den Planeten Erde, der zum Mörder der Urgöttin werden sollte bis zu dem Einsatz von Raketen und Marschflugkörpern und einem atomaren Holocaust, der angeblich zum Untergang von Atlantis führte. Besonders hervorgetan hat sich der Russe Zecharias Sitchin mit inzwischen über zehn Buchveröffentlichungen; bei ihm meine ich gelesen zu haben, daß das

Ende des kalten Krieges zwischen Ost und West dadurch zu erklären sei, daß auf Grund von hartem, geheimen Faktenwissen auf beiden Seiten die in nächster Zeit zu erwartende Ankunft der Annunnaki mit ihrem Planeten Nibiru eine Bündelung aller irdischen Abwehrstrategien auf dieses Ereignis erfordere.

Nun, falls die Menschheit sich nicht vorher selbst abschafft, wird sich in schätzungsweise 200 bis 300 Jahren erweisen, ob aus der Planetenbegegnung wieder ein Zusammentreffen mit unseren Annunnaki-Ziehvätern erwartet werden darf. Für die Älteren unter uns droht m.E. aber aus der Ecke keine unmittelbare Gefahr, wir können uns getrost um die Probleme kümmern, die wir selbst auf unserem Planeten geschaffen haben. Für unsere Kinder oder gar Enkel mag es durchaus in unserem Jahrhundert noch spannend werden, ob der zehnte Planet in die Erdsphäre eintritt und was er ggf. im Gepäck hat!

(Wer von meinen Lesern die von mir zitierten Bibelstellen nachgelesen haben sollte, hat sich vielleicht gewundert, daß ich aus Genesis 6 den dritten Vers ausgelassen habe. Er lautet: *Da sprach der Herr: Mein Geist soll nicht für immer im Menschen bleiben, weil er auch Fleisch ist; daher soll seine Lebenszeit hundertzwanzig Jahre betragen.* Dieser Satz bezieht sich auf die Genealogie, die die Reihenfolge der Nachkommen des Adam und ihre Lebenszeit angibt und die bei Methuschelach, besser bekannt unter dem Namen Methusalem, 969 Jahre betrug.)

Wenn Du, lieber Leser, trotz meiner Warnung dieses Kapitel gelesen hast, wirst Du nun vielleicht etwas verwirrt die Frage stellen: was fange ich mit all diesen spekulativen Informationen an, was bedeutet das für mich?

Einmal angenommen, Manches oder gar Vieles aus dieser babylonischen Schöpfungsgeschichte habe sich so oder so ähnlich ereignet, so blieben die wesentlichen Fragen zur Erschaffung des

Menschen und erstrecht nach ihrem Schöpfer unbeantwortet. Angenommen also, daß es einen zehnten Planet gibt mit einer menschenähnlichen Bevölkerung von Riesen, die bei einem Besuch der Erde an unseren „primitiven Vorfahren“ genetische Veränderungen herbeigeführt hätten, so könnten diese Riesen allenfalls in Anspruch nehmen, die Entwicklung der Erdbevölkerung angeschoben und somit auf eine höhere Stufe gebracht zu haben. Das meine ich ist nicht so weit weg von der heute verbreitet diskutierten These, daß der homo sapiens ein „desingtes Produkt aus Evolution plus göttlicher Seele“ ist. Dazu ein Zitat aus dem Buch von Jan Erik Sigdell *Es begann in Babylon (s. S. 22),* der nach meiner Einschätzung das schwierige Thema sehr sachkundig, aber auch kritisch behandelt:

Das wahre Ich ist meine Seele. Diese haben sie (die Anunnaki) nicht erschaffen! Sie haben nur eine neue biologische Wesensart entstehen lassen, in deren Körper dann Seelen inkarnierten... Meine Seele halte ich für eine Schöpfung des höchsten Schöpfers.

Und weiter auf Seite 23:

Die Wissenschaft ist schon längst nicht mehr geozentrisch, sondern fängt langsam an, - sagen wir – kosmozentrisch zu werden. Die Theologie ist aber noch mittelalterlich geozentrisch. Für sie ist die Erde das Zentrum der Schöpfung und der Schöpfer ist „irgendwo und überall“.... Es wird Zeit, daß auch die Theologie nachmacht, was ihr die Wissenschaft schon vormacht....

Damit kann ich ganz gut leben, sehe aber auch keine Notwendigkeit, tiefer in die Babylonischen Verwirrungen ein zu steigen.

Ich denke, es ist an der Zeit zu wichtigeren Dingen zu kommen; es könnte durchaus sein, daß die Zeit knapp wird.

Kapitel 9
Propheten des Untergangs

Propheten des Untergangs hat es zu allen Zeiten gegeben. Es wird aber wohl niemand widersprechen, wenn ich sage, daß sie derzeit eine Hochkonjunktur erleben. Darüber hinaus ist festzustellen, daß es gegenwärtig sehr seriöse Wissenschaftler sind, die über mögliche, ja wahrscheinliche Szenarien eines nahen Weltuntergangs spekulieren. Einig sind sie sich dabei vor allem darüber, daß der „Weltuntergang" ein lokales Ereignis sein wird, also die Erde betreffen und weitgehend von uns Menschen selbst verschuldet sein wird. Die neueste „Hochrechnung" der alternativen Optionen, die zu einer für die jetzige Menschheit finalen Entwicklung führen können, stammt m. W. vom dem bekannten Astrophysiker, Philosophen und Fernseh-Moderator Harald Lesch, die er in seinem Buch „Die Menschheit schafft sich ab" ausführlich, kompetent und verständlich dargelegt hat.

Für manche Leser dürfte es aber sicher überraschend sein, daß schon knapp dreißig Jahre früher Hoimar v. Ditfurth, in der Rolle des Fernseh-Moderators dessen ähnlich angesehener und beliebter Vorgänger, in seinem Buch *„Innenansichten eines Artgenossen"*, das er selbst als *seine Bilanz* bezeichnet hat, zu einem ebenso dramatischen Schlußergebnis kommt:

„Wir alle leben in einer sichtlich von uns beschädigten Welt, und jeder Blick in die Zeitung kann einen darüber belehren, daß die Reise in der Richtung auf den Abgrund mit zunehmender Geschwindigkeit fortgesetzt wird. Darum wundere ich mich oft, warum die Menschen nicht schreiend auf die Straße laufen. Und da wundere ich mich überhaupt nicht, wenn in manchen von ihnen die schiere Wut hochkocht und sie in ihrer Ohnmacht keinen anderen Ausweg mehr sehen, als das kaputt zu machen, was uns kaputtmacht". Und er fährt fort: *„Ich habe größtes Verständnis für die-*

sen Zorn. Obwohl seine Umsetzung in gewalttätige Aktion alles nur viel schlimmer macht: weil nicht blinde Wut gefragt ist, sondern allein die hartnäckige Geduld kühler Argumentation. Und weil Gewalttätigkeit (zu allem sonstigen Übel) noch so gewichtige Argumente in den Augen der Öffentlichkeit, die es wachzurütteln gilt, unvermeidlich unglaubwürdig werden läßt. Denn immer noch entdeckt fast niemand einen Grund zur Beunruhigung. Die verantwortlichen Politiker schon gar nicht. In ihren Augen scheint eine Gefahr für die Bevölkerung grundsätzlich aus keinem Anlaß und zu keiner Zeit zu bestehen."

Und noch deutlicher (s. S. 257): *Es mag ja sein, daß Homo sapiens für die prometheische Anmaßung wird büßen müssen, daß er die Fortsetzung seiner Evolution selbst in die Hand genommen hat. Es mag durchaus sein, daß er aus diesem Grunde im weiteren Verlauf der Erdgeschichte nicht mehr an der Spitze des evolutiven Fortschritts zu finden sein wird. Noch wahrscheinlicher freilich ist es heute, daß man ihn in Zukunft dort deshalb vergeblich suchen wird, weil er seine Umwelt in egozentrischer Maßlosigkeit ruiniert und sich damit selbst aus dem Rennen wirft."*

Die Liste derartiger Zitate namhafter Leute ließe sich beliebig verlängern. Aus meiner Sicht gab es zu keiner Zeit so eindeutige Mehrheitsverhältnisse in der Beurteilung der Gefährdung unseres Planeten; lediglich in der Umsetzung dessen, was unbedingt und ganz schnell getan werden müßte, kommt man nicht oder jedenfalls nicht schnell voran. Und seit dem Amtsantritt des neuen Präsidenten in USA ist gar ein gewaltiger Rückschritt zu verzeichnen, der für die Zukunft der Menschheit katastrophale Folgen haben könnte.

Der Begriff „Weltuntergang" genießt allerdings schon immer einen schlechten Ruf. Nachdem er seit Urzeiten von Marktschreiern jeglicher Couleur eingesetzt wird, um Angst und Schrecken, oder doch zumindest ein schaurig schönes Gruseln zu verbreiten, ist man es gewöhnt, es nicht allzu ernst zu nehmen. Noch ist es ja Gottseidank noch nie gekommen! – und wenn, dann ganz weit weg. Die Gewißheit, auch nach der wildesten Fahrt mit der Geisterbahn weiter genüßlich sein Bier trinken zu können, gehört so sehr zum Geschäftsgebaren, daß der Grusel im Zweifel als unverzichtbar empfunden wird, gleichzeitig aber auch nicht mehr ganz ernst genommen wird. Dies ist aber in unserer Situation absolut nicht angebracht. Deshalb scheint es mir erforderlich, doch wenigstens einige Punkte heraus zu stellen, die unsere Situation kennzeichnen.

„Tiefe Wahrheiten" hat der amerikanische Autor Gregg Braden sein Buch genannt, in dem es um *Ursprung, Geschichte, Bestimmung und Schicksal der Menschheit* geht.(erschienen 2011, Hay House). Sein Grundmotto lautet:

Der Schlüssel zu einer lebenswerten Zukunft liegt in der Weisheit unserer Vergangenheit.

Dementsprechend geht er in erster Linie von neuen Entdeckungen auf dem Gebiet der Archäologie aus und enthüllt eine Reihe von Fehlannahmen der Naturwissenschaften, die zwar vielfach noch so in den Schulen gelehrt werden, aber längst überholt sind. Als Beispiele nennt er die bisher geltende Annahme, daß die menschliche Zivilisation etwa 5000 bis 5500 Jahre alt Ist, die letzten archäologischen Funde von Göbekli Tepe oder die 40 Meter unter Wasser gefundenen Spuren einer Riesenstadt im indischen Golf von Khambat aber mindestens doppelt so alt sind. Es hat also schon vor den Sumerern und Babyloniern hochstehende menschliche Zivilisationen gegeben.

Wie kann eine Stadt so weit unter dem Meeresspiegel gelegen haben, wirst Du vielleicht fragen. Die Antwort ist einfach. Denn vor ca. 20000 Jahren endete die letzte Eiszeit. Die abschmelzenden Eismassen führten zu einem exorbitanten Anstieg des Meeresspiegels rund um den Globus und dieser hat gewaltige archäologische Spuren hinterlassen, die aber heute eben entsprechend tief unter der Wasseroberfläche zu suchen sind. Abgesehen von der damit relativ eindeutigen zeitlichen Datierung wird aber auch vermutet, daß diese Veränderung der Wasserstände mit der in allen Schöpfungsgeschichten enthaltenen Geschichte von der Sintflut zu tun hat.

Eine weitere auch heute noch ernsthaft vertretene, auf Darwin zurückgehende Annahme „Die Natur beruht auf dem Prinzip: *Überleben des Stärkeren* läßt sich nicht mehr generell vertreten, denn in früheren Kulturen sicherte die Natur das Leben durch Kooperation, nicht durch Konkurrenzdenken."

Auch das vorherrschende Prinzip der Evolutionstheorie "Der Ursprung des Menschen kann anhand von evolutionären Zufällen erklärt werden" ist inzwischen überholt; die Wissenschaft spricht heute davon, daß das menschliche Leben untrügliche Anzeichen „Intelligenten Designs" aufweist. Die Antwort auf die Frage nach der Herkunft des Menschen lautet heute also: Evolution + Intelligentes Design; dieser Begriff ist wohl eine moderne Umschreibung für Gott oder Schöpfer.

Und ähnlich gravierend: die Annahme „der Raum zwischen den Dingen ist leer" ist hinfällig, das Universum, unsere Welt und unser Körper bestehen aus einem gemeinsamen Energiefeld, einer „Matrix", die die sogenannte „Verschränkung" und damit Einheit erst ermöglicht.

Daß damit ein gewaltiger Paradigmenwechsel eingeläutet ist, ist wohl schnell ersichtlich. Weniger deutlich wird dabei wohl erkennbar, was er für den „Otto-Normalverbraucher" bedeutet. Und selbst, wenn man die Potentiale sieht, die sich für die weitere Entwicklung der Menschheit noch eröffnen könnten, bleibt die Frage, ob und vor allem wie schnell das Verhalten der Individuen und erst recht der Gesellschaften wandlungsfähig ist, um ihr Überleben zu sichern.

Kann eine Kultur, die über ein Erdzeitalter von 5.125 Jahren einen rein materiell bestimmten, egoistischen Weg verfolgt hat, sich dazu durchringen, Kooperation, ja Altruismus an die erste Stelle der Werteskala zu setzen? Ist es vorstellbar, daß kriegerische Auseinandersetzungen als Krisenlösung geächtet und auf Truppen, ja ganz auf Waffenbesitz verzichtet wird? Ist der von Idealisten zu Beginn unseres Jahrhunderts ausgegebene Slogan „das zwanzigste Jahrhundert war das Jahrhundert des Wissens, das einundzwanzigste muß ein Jahrhundert der Weisheit werden“ eine ausreichende Motivation, die zu dieser totalen Umkehr führen kann?

Und dann bleibt die große Frage, was kann getan werden, um den finalen “ knock out“ zu verhindern?

Programme gibt es ja erfreulicherweise in ausreichender Zahl, aber mal ehrlich: wer weiß schon – oder noch -, daß im September 2000 in der 55. Sitzung der Vollversammlung der Vereinten Nationen die „Millenniums-Erklärung“ verabschiedet wurde, eine Resolution über neue globale Partnerschaften zur Erreichung von Zielen zur Lösung weltweiter Probleme. Was da drin steht, willst Du wissen? Es gibt 8 ehrgeizige Hauptziele:

1. Extreme Armut und Hunger beseitigen
2. Grundschulausbildung für alle Kinder gewährleisten
3. Gleichstellung und größeren Einfluß der Frauen fördern
4. Kindersterblichkeit senken
5. Gesundheit der Mütter verbessern
6. HIV/ Aids, Malaria und andere Krankheiten bekämpfen
7. Eine nachhaltige Umwelt gewährleisten
8. Eine globale Partnerschaft im Dienst der Entwicklung schaffen.

Damit sollte nach dem Willen der UN die Geburt einer neuen Welt eingeläutet werden, oder jedenfalls ein neues Erdzeitalter aus der Taufe gehoben werden.

Und was ist bis jetzt daraus geworden? Nun, die Erklärung wurde innerhalb eines Jahres von 192 Ländern und 23 internationalen Organisationen unterzeichnet. Und am 25. September 2015 wurde auf einem weiteren UN-Gipfel die „ Agenda 2030 für nachhaltige Entwicklung“ verabschiedet. Ja, wirklich.

Es geht aber nicht nur um konkrete 17 Einzelziele, es wird auch eine Vision beschworen, nämlich dergestalt:

Diese Ziele und Zielvorgaben sind Ausdruck einer äußerst ambitionierten und transformativen Vision. Wir sehen eine Welt vor uns, die frei von Armut, Hunger, Krankheit und Not ist und in der alles Leben gedeihen kann. Eine Welt, die frei von Furcht und Gewalt ist, eine Welt, in der alle Menschen lesen und schreiben können. Eine Welt mit gleichem und allgemeinem Zugang zu hochwertiger Bildung auf allen Ebenen, zu Gesundheitsversorgung und Sozialschutz, in der das körperliche, geistige und soziale Wohlergehen gewährleistet ist. Eine Welt, in der wir unser Bekenntnis zu dem Menschenrecht auf einwandfreies Trinkwasser und Sanitätsversorgung bekräftigen, in der es verbesserte Hygiene gibt und in der ausreichende, gesundheitlich unbedenkliche, erschwingliche und nährstoffreiche Nahrungsmittel vorhanden sind Eine Welt, in der die menschlichen Lebensräume sicher, widerstandskräftig und nachhaltig sind und in der alle Menschen Zugang zu bezahlbarer, verläßlicher und nachhaltiger Energie haben.

Die Vision geht noch weitere zwei Seiten so weiter, es sind meines Erachtens alle Menschheitsträume darin untergebracht: also eine umfassende Beschreibung eines irdischen Paradieses. Einzig die Vision der Unsterblichkeit des Menschen habe ich nicht darin gefunden.

Es folgt dann noch eine Aufzählung von 17 Zwischenzielen sowie ein Abschnitt über Umsetzungsmittel sowie ein Aufruf zum Handeln, um unsere Welt zu verändern.

Der Apell endet, um mit Homer zu sprechen, mit den „ehernen Worten“:

...Wir treffen heute eine Entscheidung von großer historischer Bedeutung. Wir beschließen, eine bessere Zukunft für alle Menschen zu schaffen, darunter Menschen, denen bislang die Chance versagt geblieben ist, ein menschenwürdiges, würdevolles und erfülltes Leben zu führen und ihr menschliches Potential voll zu entfalten. Wir können die erste Generation sein, der es gelingt, Armut zu beseitigen, und gleichzeitig vielleicht die letzte Generation, die noch die Chance hat, unseren Planeten zu retten. Wenn es uns gelingt, unsere Ziele zu verwirklichen, werden wir die Welt im Jahr 2030 zum Besseren verändert haben.

Angesicht dieser Beschwörungsformeln, Versprechungen und Apelle ist man vielleicht geneigt zu sagen: Lage erkannt; Richtung stimmt; weitermachen! Und dann auf die Anderen zeigen. Daß mit dieser Einstellung unsere verschiedenen Krisen nicht gelöst werden können, macht ein Blick auf die ersten 5 Punkte unserer Krisenliste deutlich:

Krise Nummer 1.: Zu hohe Weltbevölkerung, die langfristig nicht ernährt werden kann

Krise Nummer 2: Klimawandel

Krise Nummer 3: Zunehmende Verknappung von Nahrung und Süßwasser

Krise Nummer 4: Auseinader driftende Schere zwischen Wohlstand und Armut, Gesundheit und Krankheit, Bildung und Analphabetismus

Krise Nummer 5: Wachsendes Kriegsrisiko und erneut ein drohender Atomkrieg

Wahrlich, jede einzelne Krise wäre eine Aufgabe für einen wohltrainierten Herkules! Aber leider ist keiner in Sicht. Was bleibt zu tun? Die Zeit drängt, denn wir stecken schon mitten in dem Schlamassel drin! Abwarten und Nichtstun jedenfalls führt nur weiter in die Katastrophe hinein.

Kapitel 10
Vom Wandel

Albert Einstein hat einmal gesagt: *Wir brauchen ein neues Denken, wenn die Menschheit überleben will.*" Das war 1946. Manche sagen, seither seien mindestens 50 Jahre ungenutzt vergeudet worden, manche sagen, noch in unserem Jahrhundert werde sich das Schicksal der Menschheit entscheiden. Wohlgemerkt, von der Ansicht von Wissenschaftlern ist hier die Rede.

Es ist allerdings auch zu sagen, daß da und dort schon einzelne Erfolge zu erkennen sind, so etwa beim Bevölkerungswachstum, teilweise auch beim Klimawandel. Es gibt also gute Ansätze auf verschiedenen Gebieten. Wirklich ernste Sorgen bereiten mir die Krisen 4 und 5, also die Krisen, die mit dem menschlichen Verhalten, mit seinen Emotionen zu tun haben. Das gilt vor allem für ein globales Zusammenleben der Menschheit auf diesem Planeten nach dem Motto: Kohärenz der Herzen, Kooperation ist der Schlüssel fürs Überleben. Gewisse Zweifel setze ich auch hinter die beruhigende Versicherung: der Mensch ist im Prinzip gut. Gerade die Erfahrungen des letzten Jahres (2016/17) haben meine Zuversicht, daß – trotz aller zwischenzeitlichen Rückschläge – der Weg der Menschheit einen moralischen Aufstieg beinhaltet, zumindest erheblich angekratzt. Die Frage, ob die Verteilung von „gut" und „böse" für alle Generationen nicht doch eine Konstante darstellt, werde ich wohl erst, wenn überhaupt, im Jenseits beantwortet finden.

Für die Lösung der anderen Krisen, die wohl weniger im Rationalen, Kausalen gesucht werden müssen, lege ich Dir, lieber Leser ein Zitat ans Herz, das ich dem schon angesprochenen Buch von Harald Lesch entnehme; es stammt aber von Ernst-Peter Fischer, diplomierter Physiker, promovierter Biologe, habilitierter Wissenschaftshistoriker und außerplanmäßiger Professor für Wissenschaftsgeschichte. Er schreibt als Gast in dem Kapitel „Die Unbelehrbarkeit des Menschen“:

„Wenn wir die Zukunft, die wir gestalten wollen, heute so formulieren, daß wir uns tatsächlich dadurch gepackt fühlen, daß unsere Emotionalität wirksam wird, dann sprechen wir nicht mehr von einer abstrakten Zukunft im Sinne von „Jahr 2050“ oder „Jahr 2100“, sondern dann nennen wir diese Zukunft plötzlich die Welt der Enkel, die Welt unserer Kinder und Kindeskinder. Dann wird sie anschaulich, dann packt sie uns, dann wird sie erlebbar, dann wird sie eine Aufgabe für uns.

Plötzlich haben wir das Gefühl, daß wir da jemand sehen, der lebt. Wir wollen, daß dieser, der da lebt, dieselben Möglichkeiten hat, wie wir sie haben, und wir nehmen den Unterschied zwischen dem Individuum, das in der Zukunft lebt -unserem Enkel – und uns wahr. Diese Wahrnehmung von individuellen Unterschieden ist die Quelle moralischer Verhaltensweisen, die aber jetzt nicht irgendeine moralische Ableitung von gegeben Ressourcenmengen kommt, sondern einfach nur aus dem erlebnishaften Beschreiben der Zukunft.

Ich glaube, daß wir an dieser Stelle von traditionellen, rationalen, logischen, systematischen, westlich-abendländischen Kulturentscheidungskriterien abweichen und zu den anderen zurückfinden sollten, die wir auch schon von Anfang an besaßen und seit geraumer Zeit unterdrückten. Es gibt wunderschöne Sätze über die zweigeteilte Natur des Menschen, die neben dem Kopf auch noch das Herz sieht.....Ich denke, das Herz wird die Gründe kennen, wie es bestimmte Handlungen ausführt, ohne den Verstand darüber zu informieren, um die Zukunft so zu gestalten, daß die Enkel genauso am Leben partizipieren können, wie wir das getan haben. Wir können mit dem Herzen auch verstehen. Wir können wahrscheinlich sogar die Komplexität dadurch besser verstehen, daß wir gar nicht erst versuchen, sie im Detail aufzuschlüsseln, sondern daß wir versuchen, sie auf unsere ganze psychische Funktionsfähigkeit wirken zu lassen – sozusagen mit dem Herzen erfassen.

Ich denke, daß wir letzten Endes fühlende Menschen sind, die mit dem Herzen besser verstehen und dann aus dem Bauch heraus die Entscheidungen treffen können. So ließe sich die Unbelehrbarkeit überwinden. So können wir die Lernfähigkeit verbessern und die Gestaltung der Zukunft in Angriff nehmen."

In diesem Punkt kann ich meinem Namensvetter nur zustimmen. Die noch so schön formulierten Programme der UN oder der Regierungen werden wenig bewirken, wenn nicht die Herzen der einzelnen Menschen aus der Verantwortung für Familie und Umwelt die Aufgabe des Wandels übernehmen.

Dieses Zitat gibt mir Veranlassung, Dir, lieber Leser noch ein anderes Buch vorzustellen, das die Veränderungen unserer Kriterien der Kulturentscheidungen unverklausuliert beim Namen nennt. Es stammt von Ivar Lissner, wurde nach dessen frühem Tod von Gerhard Rauchwetter überarbeitet, ist 1982 erschienen und gilt als die Fundgrube für alle, die nach Antworten auf religiöse Fragen suchen. Es heißt: „Glaube, Mythos und Religion" und ist meines Wissens die umfassendste Sammlung der Schöpfungsgeschichten der Erde und deren Deutung.

Von Ivar Lissner stammt der Satz. *Die Religion ist die Triebkraft aller wahrhaft großen Leistungen der Geschichte, auf der Suche nach einer Begegnung mit dem Göttlichen sind die Kulturen entstanden.* (Religion ist dabei nicht als Zugehörigkeit zu einer Kirche zu verstehen, sondern als grundlegende Gottesbeziehung.)

Nach seiner Überzeugung beweisen die zahllosen Schöpfungsriten das Grundbedürfnis des Menschen, geistige und seelische Brücken von Diesseits zum Jenseits, von sich zu seinen Göttern zu schlagen. Seine archäologische Arbeit bedeutet für ihn das Herantasten an älteste Lebensspuren, die dem Ursprung und der Basis des Menschseins näher sind als die heutige Entfernung von diesem

Urgrund. Sein besonderes Interesse gilt deshalb den Mythen und Gottesvorstellungen bei den Naturvölkern, die ihr ursprüngliches Leben bis an die Schwelle der Gegenwart fortsetzen konnten. Bei diesen zu Unrecht primitiv genannten Menschen und ihren Überlieferungen sucht er frühe Wachstumsepochen der Menschheit kennenzulernen. Dazu gehört für ihn auch eine lebendige Nähe zum Schöpfungsakt und seinem göttlichen Urheber, eine Nähe, die der heutige Mensch weitgehend verloren hat und die er wiederfinden und bewahren sollte. Es geht ihm darum, in den Spuren der Vergangenheit Verschüttetes und Vergessenes frei zu legen, um aus den Ursprüngen auch den Schlüssel für die Zukunft freizulegen. Das Hauptproblem unserer Zeit sieht Lissner in der Aufgabe, am ethischen Bewußtsein festzuhalten, das gegenüber den Errungenschaften und Fortschritten des technologischen Zeitalters hoffnungslos zurückgeblieben sei; nicht alles machbar Gewordene zu vollbringen, sondern das, was der Mensch vor dem Schöpfer allen Lebens auch verantworten kann!

Hierin fühle ich mich mit Lissners Anschauungen seelenverwandt und stimme deshalb auch gern seiner These zu: Es gab am Anfang eine Ur-Religion sowie es auch eine Ur-Sprache gab. Darauf deutet auch die Tatsache hin, daß fast in allen Schöpfungsgeschichten von einem goldenen Zeitalter die Rede ist, von dem sich die Menschheit aber immer weiter weg entwickelt hat. Der Homo sapiens, glaubt heute leider, wir hätten es allein so weit mit unserer Zivilisation gebracht, aber der alte Glaubenssatz *„Die menschliche Zivilisation ist 5000 Jahre alt" muß umgeschrieben werden in „Der letzte Zyklus der menschlichen Zivilisation ist 5000 Jahre alt"* und ebenso ist der Satz nicht mehr haltbar: „Wir leben heute in der am höchsten entwickelten Zivilisation, die es je gab"; richtig ist hingegen: *Vergangene Zivilisationen verfügten über technische Errungenschaften, die mit heutigen Mitteln nicht kopiert werden können."* Es ist schon verblüffend zu sehen, wie schwer es unseren

Zeitgenossen fällt, vom Thron „der Krone der Schöpfung" herunter zu steigen und zu akzeptieren, daß unsere Rasse nicht den absoluten Gipfel der Erdgeschichte markiert.

Lissner stellt als Ergebnis seines lebenslangen Forschens fest:

Die technische Entwicklung ist durchaus kein Maßstab für die moralische und die soziale Stufe eines Volkes. Jede Kultur hat zwei Seiten, eine materielle und eine geistig moralische. Darin scheint sie ein Spiegelbild des Kosmos zu sein, denn ohne einen schöpferisch-geistigen „Beweggrund" ist er nicht denkbar: Beide Seiten der Kultur, die materielle wie die geistige, können in ganz verschiedenem Tempo wachsen. Die Höhe der einen ist keineswegs Voraussetzung für die Höhe der anderen.....In einer Welt, wo die Materie den Geist zu erdrücken droht, in einer Welt, wo viele Menschen nur noch glauben können, was sie wissen, in einer Welt, die Gott nur für ein frommes Märchen hält, gibt es keine wichtigere Frage als diese: War Gott wirklich da? Hat Gott die ersten Menschen erschaffen? Kannte Homo, das Zweibein, Gott aus der Schöpfung? .....Wenn nämlich eine wirkliche Begegnung mit Gott dazu geführt hat, daß das Zweibein zum Menschen wurde, so muß die Entfernung von Gott zur Entmenschlichung führen, zum Tier oder der Auslöschung der menschlichen Art.

Und er setzt noch eins drauf:

In dem Maß, in dem die Erde von geistigen Menschen bewacht und kontrolliert wird, besteht die Hoffnung auf Weiterdasein und Fortleben. Wenn unsere Erde aber in die Hände von nur materiell denkenden Menschen gerät...,wenn die Geisteswissenschaften verhungern, wenn das Nachdenken über Sein, über Gott und Güte aufhört, wenn der Mensch abstumpft und seine Freiheit nicht mehr begehrt, wenn der Wille zur Erhaltung all dessen, was uns an Geistigkeit seit Hunderttausenden von Jahren gegeben worden ist, erlahmt, dann ist die Menschheit am Ende.

Mit dieser visionären Botschaft des großen Forschers und Denkers möchte ich dieses Kapitel über die Propheten des Untergangs schließen und uns allen wünschen, daß sich letztlich der Geist stärker erweist als die Materie.

Kapitel 11
Und das große Finale?

„Halt!“ signalisiert genau an diesem Punkt mein anonymer Produktionsleiter, von dem ja schon öfter die Rede war. „*Ich hätte da noch etwas, das vielleicht einen überzeugenden Schluß abgeben könnte für dein Kapitel! Schau mal in die aktuelle Ausgabe von Publik Forum, da findest du ein Interview mit Harald Lesch eben über die Frage „Wie geht es mit dem Kosmos weiter?“*

Ja, lieber Leser, ich hoffe, Du hast noch genug Kraft und Geduld, um Leschs Antwort auf diese spannende Frage in Dich aufnehmen zu können.

Originalton Harald Lesch, nachzulesen im Heft EXTRA LEBEN von Publik Forum, Ausgabe April 2017, Seite 44/45:

„*Man könnte es als eine Art philosophischer Grundfrage behandeln: warum gibt es überhaupt etwas und nicht vielmehr nichts? Und warum hat sich dieses Etwas erst einmal in seine Existenz geworfen – es hätte ja auch einfach so bleiben können, wie es ist – und warum hat es sich dann auch noch so entwickelt? Also so stark entwickelt, daß wir beide uns zum Beispiel hier unterhalten können und das uns Menschen zuhören und erfahren, was es so auf dieser Welt so alles gibt. Wie konnte das passieren?.... Neben diesen ganzen Naturgesetzen, die wir inzwischen gut kennengelernt haben, - man denke nur an die Entdeckung der Gravitationswellen und der X-Teilchen – gibt es offenbar eine Tendenz in der Natur, und zwar in der kosmischen Natur, sich auszuprobieren. Also kreativ zu sein, schöpferisch zu sein. Wenn wir an die Zeiten denken, bevor es die Erde gab, da hat sich das Universum eine Riesenmenge Arbeit gemacht, indem es all die chemischen Elemente schuf, die es überhaupt erst ermöglichten, daß es zur Planetenbildung gekommen ist beziehungsweise, daß es dann auf dem Planeten Erde zum Beispiel auch zu den Lebewesen gekommen ist.*

All diese Naturgesetzlichkeit verrät, daß in diesem Kosmos eine große Lust darin besteht, sich auszuprobieren. Und das hat metaphysisch schon einen gewissen Charme, daß man sehen kann, auf der einen Seite strebt das Universum auseinander, auf der anderen Seite allerdings gibt es für uns die Möglichkeit, während unserer Lebensdauer an diesem wunderbaren Zirkus, an diesem wunderbaren Versuch, sich auszuprobieren, teilzunehmen und selber was auszuprobieren. Das ist das Bemerkenswerte, daß das Universum eine Struktur hat, die eigentlich von durchaus großer Hoffnung getragen werden könnte, und das ist letztlich auch das, was hinter all dem, was unsere Sinne, aber auch unsere Meßwerte uns über die Welt verraten. Und da sind wir noch lange zu keinem endgültigen Ergebnis gekommen. Wahrscheinlich werden wir auch zu keinem kommen, denn wie heißt es so schön bei Lessing: die ganze Wahrheit, das ist ja nur etwas für einen Gott. Da bleibt uns lieber die Neugier und die Lust darauf, die Wahrheit herauszufinden.

Nun, ob Lessing oder Lesch, nach meiner Überzeugung haben beide Recht. Allerdings sollte ich nicht verheimlichen, daß ich mich bei Lessing deutlich wohler fühle, denn er sagt eben gleich, daß man Gott sein müßte, um die ganze Wahrheit erfassen zu können. Bei Herrn Lesch meine ich immer, ihm folgen zu können, wo er doch so schön erklären kann, aber am Ende stehe ich dann doch wie der Ochse vor dem Berg da, wie wir als Kinder gesagt haben.

Aber einen Gedanken möchte ich doch noch loswerden: Der Kosmos ist immer noch im Stadium „nascendi“ – ich weiß, das klingt jetzt in manchen Ohren sehr gelehrt, aber ich komme einfach nicht daran wobei, ein ungewöhnliches Wort für das phantastischste Geschehen zu gebrauchen, das ständig um uns herum geschieht, ohne daß wir es wahrnehmen können. Wir leben in einem alle Vorstellungskraft übersteigenden Kosmos, der, wenn ich es recht verstanden habe, immer noch explodiert wie in den ersten

Sekunden nach dem Big Bang, und das seit 13,82 Milliarden Jahren – laut Herrn Lesch sind das die neuesten Zahlen – es expandiert nach allen Richtungen, bewegt sich von uns weg in vorher noch nicht existierende Räume, und wir merken nichts davon! Ich zitiere Lesch wörtlich: *„Mal ehrlich, das klingt doch völlig irrsinnig."* Und das alles aus einer Masse heraus von der Größe eines winzigen Bruchteils eines Stecknadelkopfes Es ist einfach nicht zu fassen! Lessing steht in dieser Hinsicht als strahlender Sieger im Ring.

Der Gedanke ist aber noch nicht zu Ende gedacht. Noch ein Satz aus dem schon erwähnten Interview. Auf die Frage: wird der Kosmos auch irgendwann zu Ende sein, antwortet er: *„Also ob der Kosmos ein Ende hat, das weiß man wirklich nicht. Es gibt eine ganze Reihe von Beobachtungen, die sagen, daß das Universum immer weiter expandieren wird und zwar ewig. Wie es dann weiter gehen wird, weiß niemand.*

Daß wir Menschen an diesem Gigantismus der Schöpfung auch noch teil haben, sie gar mitgestalten, denn in der Fortpflanzung hat dieser Schöpfer ja einen nicht unbedeutenden Teil seiner Hoheitsrechte für die eigene Rasse an uns abgegeben, das gehört auch noch zu den aufregenden Finessen unseres Lebensauftrags…

Ja und du, so höre ich die Frage, was hast du für ein Rezept zur Lösung der großen Krise?

Trotz intensivem Studium des mir zur Verfügung stehenden Materials habe ich nichts gefunden, was ich als befriedigendere Antwort auf diese Frage in die Waagschale werfen kann, als die „Weltformel von Albert Einstein". Wie man weiß, hat er ein Leben lang danach gesucht, aber nur Wenige wissen, daß er sie gefunden hat. Und leider, um noch einmal auf den Prolog des Evangelisten Johannes zurück zu kommen, der sagt: *„Das Licht kam in die Finsternis, aber die Finsternis hat es nicht begriffen"*. Damit will ich sagen: die Weltformel von Einstein gibt es, aber sie ist nicht so, wie „die Welt“ sie erwartet hat, also als mathematische Gleichung. Doch Einstein hat sie in Worte gekleidet, und außerdem spricht er von einem leider völlig abgegriffenen Begriff, er spricht von Liebe, er der große Denker und Mathematiker! *Nun ja, vergeßt ihn, wäre er doch bei seinem Leisten geblieben*….Es ist zum Heulen.

Ich habe seine Hinterlassenschaft schon einmal in meinem letzten Buch „*Achtung, Baustelle. Vom Wandel meines Gottesbildes*“ publiziert, will aber das entsprechende Kapitel wenigstens als Anhang beifügen in der Hoffnung, doch den einen oder anderen Leser auf die Spur zu locken. Mehr kann ich zu dem Thema auch nicht bieten. Ich meine aber, auch wenn es sich erst schwer anfühlt: man kann danach leben!

Kapitel 12
Das kleine Finale

Auch in diesem meinem letzten Kapitel geht es darum, mit Neugier und Lust die Wahrheit herauszufinden. Allerdings muß ich – und Du, lieber Leser, falls Du mir noch folgen willst – die bisher weit geöffneten Augen jetzt weitest möglich zusammenkneifen, um den Mikrokosmos Mensch in den Blick zu nehmen oder das, was von einem von ihnen, diesem Manfried Fischer, noch zu fassen ist. Das Thema ist knifflig und fristet sein kümmerliches Dasein weitgehend unterm Teppich, aber es ist eines (schönen?) Tages unumgänglich. Meine älteste Tochter Veronica erinnerte mich erst vor kurzer Zeit an einen Ausspruch von mir, den ich wohl schon vor einem halben Jahrhundert getan hätte, in dem ich zum Ausdruck gebracht hätte, daß am Ende das größte Abenteuer meines Lebens ja noch vor mir stünde.

Nun weiß ich nicht viel mehr als damals, außer daß dieser Moment der letzten Wahrheitsfindung für mich immer näher kommt. Damit ist freilich nicht viel gewonnen, aber die Neugier steigt ungemein.

Meine bisherigen Schürfversuche in dieser Sache haben nichts Nennenswertes zu Tage gebracht. Es ist ja ohnehin schon sehr selten, daß der Tod zum Gegenstand einer „Unterhaltung“ avanciert, und wenn wirklich einmal, dann auf seichtem Niveau a la „Brandner Kaspar“ oder „Ein Münchner Dienstmann im Himmel“. Immerhin hat sich seit der verdienstvollen Beschäftigung der Schweizer Ärztin Elisabeth Kübler-Ross mit Patienten kurz vor dem „Exitus“, wie man das Wort Tod meist vornehm umschrieben hat, viel geändert, wurde gar für kurze Zeit zum Bestsellerthema. Neue Nahrung brachte dann eine Reihe von Berichten über „Nahtoderlebnisse“, aus denen doch so etwas wie ein Muster aus den ersten Schritten im Jenseits herausdestilliert werden konnte. Die

Reaktion auf derlei Bücher war, wie nicht anders zu erwarten, deutlich zwiegespalten zwischen: „erfreulicher Gewinn an Wissen“ und „totaler Schwachsinn“ (wissenschaftlich verbrämt als letzte Zuckungen des Wachbewußtseins). Dr. Eben Alexander, einst gefeierter amerikanischer Hirnchirurg, mußte erleben, wie nach seinem Buch „Blick ins Jenseits“ seine früheren Verdienste in der Gehirnchirurgie in einer Art geistigem Mobbing in Zweifel gezogen wurden.

Mich hat bei diesen Versuchen der Wahrheitsfindung vor allem erstaunt, daß, um das seltsame Rätselraten einmal weiter zu spielen, kein Kontakt zwischen engsten Verwandten zum Zeitpunkt des Todes an die Öffentlichkeit gedrungen ist; der im Himmel offenbar geltende Maulkorberlaß muß anscheinend sehr wirksam sein, so sah das mein irdisches Urteilsvermögen. Die dahinter stehende Frage, warum die himmlische Informationspolitik um die letzten Geheimnisse so a „Gschiß“ macht, wie wir das in Bayern nennen würden, ist gänzlich unverständlich, wo in jedem anständigen Unternehmen doch auf Motivation durch „win-win-Situationen“ heutzutage größter Wert gelegt wird.

Aber ganz im Ernst: in manchen schlaflosen Nächten habe ich versucht systematisch an die Sache heranzugehen und zu überlegen, wie man vom Himmel her einen irdischen Potentialträger so richtig „fett“ für das ewige Leben motivieren könnte. Aber selbst unter zu Hilfenahme von Maslows Bedürfnispyramide fand ich keine überzeugenden Treffer.

Bis vor Kurzem.

Wieder war es eine Art Überraschungsei, das sich plötzlich in meinem Briefkasten fand. Ein Buch von Amazon, an mich adressiert, aber nicht von mir bestellt. Nun kommt es gelegentlich vor, daß sich unsere Tochter Nicola, die in Costa Rica lebt, im Hinblick auf ihren Urlaub, den sie gerne bei uns in der alten Heimat verbringt, schon mal Lesestoff kommen läßt und vergißt, mir etwas davon zu sagen. In diesem Fall fühle ich mich dann auch berechtigt, die ja an mich gerichtete Sendung zu öffnen. Und da Nicola und ich uns viel austauschen gerade was unsere „Lese-Früchte" angeht, wußte ich auch gleich Bescheid. *„Junge Seelen, alte Seelen",* ein Buch von Varda Hasselmann und Frank Schmolke; Untertitel: Die große Inkarnationsreise des Menschen.

Nun, lieber Leser, das ist auch wieder so ein „Lies mich-Lies mich nicht-Buch". Da ich ja nichts von Dir weiß, weiß ich auch nicht, ob ich es Dir empfehlen kann / zumuten soll. Vielleicht ist es für Dich eine Hilfe, wenn Du Dir selber die Frage vorlegst: *Kann ich mir vorstellen, daß es für mich weitere Inkarnationen auf der Erde gibt*? Die christlichen Kirchen gehen davon aus, daß es mit dem einen Leben zwar ein Weiterleben der Seele nach dem Tod gibt, aber keine Seelenreise durch viele Leben. Damit gehören die Christen aber einer Minderheit an, denn annähernd zwei Drittel der gläubigen Erdbevölkerung glauben das Gegenteil davon. Wenn Du also als Christ fest in Deinem Glauben verwurzelt bist, solltest Du Dich eher nicht mit der „anderen Welt" beschäftigen. Andererseits gehe ich davon aus, daß Du Dich sicher schon oft damit beschäftigt hast, was nach Deinem Tod passiert, sonst hättest Du vermutlich mein Buch gar nicht bis hierher gelesen. Relativ einfach ist es für Dich, wenn Du zu der Gruppe „Radieschen von unten" gehörst, also davon ausgehst, daß mit dem Tod alles zu Ende ist. Dann allerdings mag das Wissen um eine andere Vorstellung von dem Leben nach dem Tod vielleicht doch eine interessante Alternative zu den Radieschen sein. Falls Du dagegen zwischen den Vorstellungen „einmaliges Leben" oder „Inkarnationsreise" pendelst, letzteres aber nicht schon kennst, magst Du vielleicht doch an meinen Gedankengängen Gefallen finden.

Zunächst will ich noch einmal betonen, daß ich, wie Du ja schon mehrfach gelesen hast, im Laufe meines Lebens zu der Überzeugung gekommen bin, daß nichts „rein zufällig" geschieht. In den vorherigen Kapiteln habe ich ja schon begründet, warum ich nicht glauben kann, daß unsere wundervolle sichtbare Welt aus einer Laune der Natur entstanden ist, daß all die jenseits unserer Vorstellungskraft liegende Komplexität des Kosmos ohne Sinn und Ziel sein soll. Daß der Mensch als das zur Zeit höchstentwickelte Wesen das Produkt des Zufalls, sozusagen also ein Versehen ist, halte ich schlicht für eine mittlere Beleidigung. Zunehmend habe ich deshalb darauf geachtet, wie die sogenannten „Zufälle“ an mich herangekommen sind und habe versucht herauszufinden, was die mir zugestoßenen Ereignisse mir sagen wollen; manchmal meine ich das auch herausgefunden zu haben, manchmal allerdings auch nicht.

Diese Überzeugung bringt auch mit sich, daß ich in meinem Leben einen tiefen Sinn sehe, der mit einem Wort bezeichnet werden kann: Entfaltung. H. Lesch hat es „Ausprobieren“ genannt, Entwickeln ist vielleicht das geläufigste Wort. Dahinter steckt ein im Kosmos dominierendes Prinzip: die Lust auf Vielfalt. Und Vielfalt, das sagt der Name schon, will sich entfalten. Wir Menschen sind, wie die Bibel erzählt, nach dem Ebenbild Gottes erschaffen. Demnach muß Gott ein unfaßbar leidenschaftlicher Spieler sein. Am meisten habe ich etwas von der Gott-Ähnlichkeit gespürt, wenn ich für unsere (im Prinzip für die Kinder) aufgebaute Modell-Eisenbahn da noch für den kleinen See einen Wasserskifahrer besitzen wollte, dort noch eine Paketverladestation: einfach aus Freude am Kreativen.

Nach dieser etwas kühnen Abschweifung zurück zur Reinkarnation. Wenn Leben bedeutet, möglichst viele Varianten durchzuspielen, im Kleinen wie im Großen, und wenn am Ende ein Produkt herauskommen soll, das sich „vollkommen entfaltet hat“, dann paßt das Bild einer Inkarnationsreise mit einer Vielzahl von

Gelegenheiten zum Lernen durch „trial and error" meines Erachtens gut in dieses Szenario.

Um Dir, lieber Leser, in Deiner durch diese Gedanken geweckten Neugier noch ein Stück entgegenzukommen, will ich wenigstens den Klappentext dieses Buches hier wiedergeben:

Der große Weg der Seele.
Der Sinn des Lebens ist die stetige Reifung und Weiterentwicklung. Das gilt nicht nur für jedes einzelne Leben, sondern auch für die lange Reise der Seele über viele Existenzen hinweg.
Das bekannte Trancemedium Varda Hasselmann beschreibt gemeinsam mit Frank Schmolke erstmals die erhabene Inkarnationsreise des Menschen. Fünf Seelenalter sind es, in denen jeweils bestimmte Lernaufgaben in Bezug auf alle wichtigen Aspekte des Menschseins zu bewältigen sind, etwa Beziehungen, Gesundheit, Religiosität oder gesellschaftliche Positionen. Die Autoren begründen hier eine neue Weltsicht, die hilft, sich selbst ebenso wie die Andersartigkeit des anderen zu begreifen und zu akzeptieren. Die Kenntnis der Seelenalter fördert eine tiefe Achtung vor den Mitmenschen, seien sie nun jüngere oder ältere Seelen.

Ich gestehe, daß ich bis dato mit dem sogenannten Channeling nichts am Hut hatte und das Buch zunächst einmal weglegen wollte. Doch wieder einmal siegte die Neugier. Mein etwas maulendes Gewissen beruhigte ich mit dem altbewährten „Ich will doch wenigstens wissen, was unsere Tochter da liest", und schon konnte ich das Buch kaum noch aus der Hand legen. Auf knapp 550 Seiten fand ich ein in sich stimmiges, ernsthaftes System-Konzept vor, verständlich geschrieben und ohne großes esoterisches *Geschwurbsel.* Es hätte durchaus als Abschlußarbeit einer Gruppe von Geisteswissenschaftlern am Ende eines jahrelangen Workshops durchgehen können.

Tatsächlich hat auf der einen Seite eine Forschungsgruppe fünfzehn Jahre an dem Thema mitgearbeitet, d.h. im wesentlichen Fragen gestellt und gemeinsam Gehörtes aufgenommen und diskutiert. Auf der anderen Seite, und das ist das in der Tat Neue, agierte eine ähnliche Gruppe in jenseitigen Gefilden, die Quelle genannt, die offenbar daran interessiert war, den irdischen Partnern ihr System, richtiger vielleicht: das System klar und verständlich „rüber zu bringen“. Das geht auf einem ungewohnten Vermittlungsweg, nämlich in Trance des Mediums.

Zur Verdeutlichung gebe ich Dir noch die erste Seite des Vorworts wieder:

Liebe Leserin, lieber Leser,

wir stellen Ihnen in diesem Buch etwas vor, das die Menschheit wohl seit Anbeginn beschäftigt hat und hier unseres Wissens zum ersten Mal im Detail und klar strukturiert aufgezeigt wird: den Entwicklungsweg der menschlichen Seele. Denn so wie sich Körper, Geist und Psyche eines Menschen dem Gesetz der Entwicklung unterordnen, gilt dies auch für seine Seele, wenn auch in viel größeren Zeitdimensionen. Es handelt sich dabei um einen Zeitraum von ungefähr zehntausend Jahren und etwa einhundert Einzelinkarnationen. Es geht in diesem Buch über die Seele aber nicht um vage Ideen von Wiedergeburt oder Seelenwanderung, sondern um einen klar strukturierten Entwicklungsweg nach den Gesetzen der sieben Grundenergien. Wir erwarten dabei nicht, daß man uns oder der Quelle einfach glaubt. Vielmehr fordern wir dazu auf, das Gesagte an der beobachtbaren Wirklichkeit zu überprüfen, soweit dies menschenmöglich ist.

Damit soll es genug sein, alles Weitere ist „up to you“, also allein Deine Entscheidung.

Abschließend will ich Dir aber noch verraten, zu welchem Ergebnis ich selbst in Sachen Seelenwanderung gekommen bin.

Die Frage ist für mich von keiner großen Relevanz, will sagen: ich sehe keine Notwendigkeit, mein Leben deswegen zu ändern. Ganz eindeutig geht es um mein jetziges Leben. Daran ändert sich nichts, falls darauf noch ein weiteres folgt. Ich gebe aber zu, daß mir der Gedanke an ein weiteres Leben nicht unwillkommen ist. Vermutlich hängt das mit meiner schon erwähnten Neugier zusammen. Vielleicht hängt es aber auch damit zusammen, daß ich absolut keine Vorstellung davon habe, wie als Alternative „Ewiges Leben“ aussieht. Wie Leben aussieht, davon habe ich eine ganz gute Vorstellung. Ich freue mich immer noch über jeden Tag, den ich hier verbringen darf, auch wenn ich mir vorstellen kann, daß der Punkt kommt, an dem ich, wie der alte Hiob, sagen werde: *Herr es ist genug, ich bin des Lebens satt.* Das aber könnte – jedenfalls nach heutigem Stand –seine Fortsetzung finden in dem Satz: *Danke, es war sehr schön. Es hat Freude gemacht und ich habe viel gelernt Und besonders hat es Freude gemacht, Freude machen zu können. Wenn es möglich ist, würde ich das gern noch einmal tun.*

Mit diesem nun doch sehr persönlich gewordenen Bekenntnis verabschiede ich mich von Dir und danke Dir für Dein Interesse und Deine Geduld.

Mit allen guten Wünschen!

Inhaltsverzeichnis

Anhang: Die Weltformel des Albert Einstein

Albert Einstein, einer unserer größten Physiker, hat sich mit seiner Relativitätstheorie und der Formel E = m c2 einen unauslöschlichen Namen gemacht. Weitgehend bekannt ist auch, daß er Zeit seines Lebens nach d e r Weltformel gesucht hat, die das ganze Universum in sich umschließt. So gut wie völlig unbekannt ist jedoch, daß er sie gefunden hat. Allerdings ist es keine mathematische Formel, die er fand, und deshalb wurde sie von der Wissenschaft wohl auch nicht ernst genommen. Aber es gibt einen Brief Einsteins, den man ohne Schwierigkeiten im Internet finden und herunterladen kann.

Es ist ein Brief an seine Tochter Lieserl, die ihn zusammen mit 1400 weiteren im Jahr 1980 an die Hebrew University unter der Bedingung übergab, sie frühestens 20 Jahre nach ihrem Tod zu veröffentlichen. Ich übernehme ihn für Dich, wie er im Internet wiedergegeben ist:

„Als ich die Relativitätstheorie vorschlug, verstanden mich nur sehr wenige und was ich Dir jetzt zeigen werde, um es der Menschheit zu übertragen, wird auch auf Mißverständnisse und Vorurteile in der Welt stoßen.

Ich bitte Dich dennoch, daß Du es die ganze Zeit, die notwendig ist, beschützt, Jahre, Jahrzehnte, bis die Gesellschaft fortgeschritten genug ist, um das, was ich Dir als nächstes erklären werde, zu akzeptieren.

Es gibt eine extrem starke Kraft, für die die Wissenschaft bisher noch keine formelle Erklärung gefunden hat. Es ist eine Kraft, die alle anderen beinhaltet und re-

gelt und die sogar hinter jedem Phänomen ist, das im Universum tätig ist und noch nicht von uns identifiziert wurde. Diese universelle Kraft ist LIEBE. WENN DIE WISSENSCHAFTLER NACH EINER EINHEITLICHEN THEORIE DES UNIVERSUMS SUCHTEN, VERGABEN SIE DIE UNSICHTBARE UND MÄCHTIGSTE ALLER KRÄFTE. LIEBE IST LICHT, da sie denjenigen, der sie gibt und empfängt, beleuchtet. LIEBE IST SCHWERKRAFT, weil sie einige Leute dazu bringt, sich zu anderen hingezogen zu fühlen. LIEBE IST MACHT, weil sie das Beste, was wir haben, vermehrt und nicht zuläßt, daß die Menschheit durch ihren blinden Egoismus ausgelöscht wird. LIEBE ZEIGT UND OFFENBART. DURCH DIE LIEBE LEBT UND STIRBT MAN. LIEBE IST GOTT, UND GOTT IST DIE LIEBE. Diese Kraft erklärt alles und gibt dem Leben einen Sinn in Großbuchstaben. Dies ist die Variable, die wir zu lang ignoriert haben, vielleicht, weil wir vor der Liebe Angst haben, weil es die einzige Macht im Universum ist, die der Mensch nicht gelernt hat, nach seinem Willen zu steuern.

Um die Liebe sichtbar zu machen, habe ich einen einfachen Austausch in meiner berühmten Gleichung gemacht. Wenn wir anstelle von E = mc2 zu akzeptieren, die Energie akzeptieren, um die Welt durch Liebe zu heilen, kann man durch die Liebe multipliziert mal der Lichtgeschwindigkeit hoch Quadrat zu dem Schluß kommen, daß die Liebe die mächtigste Kraft ist, die es gibt, weil sie keine Grenzen hat. Nach dem Scheitern der Menschheit in der Nutzung und Kontrolle der anderen Kräfte des Universums, die sich gegen uns gewendet ha-

ben, ist es unerläßlich, daß wir uns von einer anderen Art von Energie ernähren. Wenn wir wollen, daß unsere Art überleben soll, wenn wir einen Sinn im Leben finden wollen, wenn wir die Welt und alle fühlenden Wesen, die sie bewohnen, retten wollen, IST DIE LIEBE DIE EINZIGE UND LETZTE ANTWORT: Vielleicht sind wir noch nicht bereit, eine Bombe der Liebe zu machen, ein Artefakt, das mächtig genug ist, den gesamten Haß, Selbstsucht und Gier, die den Planeten plagen, zu zerstören. Allerdings trägt jeder Einzelne in sich einen kleinen, aber leistungsstarken GENERATOR DER LIEBE, dessen Energie darauf wartet, befreit zu werden. Wenn wir lernen, liebe Lieserl, diese universelle Energie zu geben und zu empfangen, werden wir herausfinden, daß die Liebe alles überwindet, über alles transzendiert und alles kann, denn DIE LIEBE IST DIE QUINTESSENZ DES LEBENS.

Ich bedauere zutiefst, nicht in der Lage gewesen zu sein, um das auszudrücken, was mein Herz enthält, das leise mein ganzes Leben für Dich geschlagen hat. Vielleicht ist es zu spät, mich zu entschuldigen, aber da die Zeit relativ ist, muß ich Dir sagen, daß ich Dich liebe und daß ich dank Dir bis zur letzten Antwort gekommen bin.

Dein Vater, Albert Einstein.“

Bibliographie

Verfasser	Titel	Verlag	Jahr
Aloisio, Franz Xavier	The Age of Magic and Wisdom	Pilgrims Process	2013
Braden, Gregg	Tiefe Wahrheiten; Ursprung, Geschichte, Bestimmung	Koha	2015
Csuk, Josef A.	SA.TA.AN – der Herrschergott von Babylon	Bohmeier Verlag	2016
Ditfurth v., Hoimar	Innenansichten eines Artgenossen	Claassen	1998
Eisler, Riane	Kelch & Schwert, Unsere Geschichte, unsere Zukunft	Arbor Verlag	1987
Getty, Adele	Göttin, Mutter des Lebens	Kösel	1993
Grant, Michael	Mittelmeerkulturen in der Antike	C. H. Beck	1974
Hasselmann, Varda/ Schmolke, Frank	Junge Seelen, Alte Seelen, Die große Inkarnationsreise des Menschen	Arkana	2016
Hawkes, Jacquetta	Bildatlas der frühen Kulturen	Bertelsmann	1976
Jörns, Klaus – Peter	Glaubwürdig von Gott reden	Radius	2009
Kühn, Herbert	Altsteinzeit und Mittelsteinzeit	M. Du Mont	1962

Lawlor, Robert	Am Anfang war der Traum; die Kulturgeschichte der Aborigines	Droemer Knaur	1993
Lesch, Harald / Kamphausen, Klaus	Die Menschheit schafft sich ab. Die Erde im Griff des Anthropozäns	KomplettMedia	2017
Lilliu, G./ Schubart	Frühe Randkulturen des Mittelmeerraums	Holle Verlag	1979
Lissner, Ivar	Glaube – Mythos – Religion	Walter – Verlag	1982
Melchizedek, Drunv.	Die Blume des Lebens	Koha	2009
Morgan, Marlo	Traumfänger; die Reise einer Frau in die Welt der Aborigines	Goldmann	1995
Petratu, Corneöia / Roidinger, Bernhard	Die Steine von Ica; Portokoll einer anderen Menschheit	Bettendorf	1994
Sigdell, Jan Erik	Es begann in Babylon	Holistika Verlag	2008
Sitchin, Zecharia	Stufen zum Kosmos	Knaur	1989

Veen, Veronica	Die Göttin von Malta	Innana – Fia	1997
Westwood, Jenniver	Sagen, Mythen, Menschheitsrätsel	Frederking & Thaler	1990
Zammit, Vincent	The Neolithic Tempels	Heritage Malta	2013
	Der Gilgamesch – Epos Reclam 1958		
Kunstsammlung Nordrhein-Westf.	ARATJARA, Kunst der Aborigines	Du Mont	1993
	Neue Jerusalemer Bibel	Verlag Herder	1985
	Inseln des Mittelmeeres	Prestel	1984

Von Manfried Fischer sind beim Re Di Roma-Verlag erschienen:

"Den Wind in der Hand", mein Leben unter Segeln
ISBN 978-3-86870-346-7

Laurentiustränen
ISBN 978-3-86870-444-0

Glück und Glas
ISBN 978-3-86870-540-9

Leben im 20sten Jahrhundert
ISBN 978-3-86870-789-2

Achtung: Baustelle!
ISBN 978-3-86870-941-4